Turhan Demirel

Bildwelten von Außenseitern

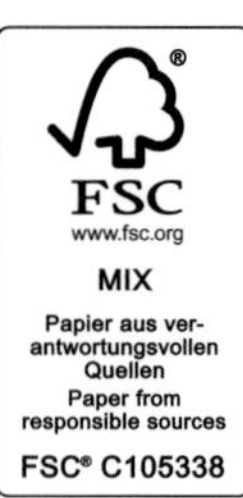

Bibliografische Information der Deutschen Nationalbibliothek:
Die Deutsche Nationalbibliothek verzeichnet diese Publikation in der Deutschen Nationalbibliografie; detaillierte bibliografische Daten sind im Internet über http://dnb.dnb.de abrufbar.

© 2013 Turhan Demirel
Illustration: ©Sammlung Demirel
Herstellung und Verlag: BoD – Books on Demand, Norderstedt

ISBN:978-3732247035

INHALT

VORWORT

Obwohl es zahlreiche faszinierende Beispiele für die Kunst von Außenseitern gibt, die in stilistischer, thematischer und technischer Hinsicht an den Rang der Arbeiten von Berufskünstlern heranreichen, tut man sich mit der Einordnung und der Rezeption dieser, ebenso eigenwilligen wie vielfältigen Kunst, die im Verborgenen blüht, schwer. Lange Zeit wurde sie von der offiziellen Kunstwelt als „niedere Kunst" von geringem Wert, als kuriose Randerscheinung buchstäblich missachtet und durch einen willkürlichen Zaun ausgegrenzt. In der Kunstgeschichtsschreibung wurde sie, wenn überhaupt, nur in Nebensätzen erwähnt. Eine Kluft tat sich auf, zwischen der offiziellen Kunst und der Kunst von Außenseitern.

Heute wird das künstlerische Schaffen von Außenseitern von der Kunstöffentlichkeit zwar zunehmend mit größerer Aufmerksamkeit beobachtet, aber es fehlt immer noch an Anerkennung und Würdigung ihrer künstlerischen Leistungen. Die Künstler/innen, die nicht in der Lage sind, sich Gehör und Geltung zu verschaffen, haben kaum eine Chance, an dem etablierten Kunstsystem teilzunehmen. In den Mainstream- Galerien und Museen sind sie unwillkommen. Sie sind ohne öffentliches Ansehen, ohne Verdienstmöglichkeiten, haben keine Lobby, keine einflussreichen Fürsprecher, die sie fördern. Die traditionelle Kunst ist noch nicht bereit, die Außenseiter in ihren Kontext zu integrieren und sie aus der Isolierung zu lösen, sodass die Kluft noch nicht überwunden ist.

Die Überzeugung, dass die Außenseiterkünstler/innen an Originalität, Kreativität, Gestaltungskraft und Phantasiereichtum, ihren Berufskollegen in nichts nachstehen, hat mich dazu bewogen, das vorliegende Buch zu schreiben. Es ist nicht beabsichtigt, damit ein Nachschlagewerk vorzulegen, sondern die Kunst von Außenseitern, ihre Entwicklung, Begriffsbestimmung und Rezeption, aus historischer und gegenwärtiger Perspektive, dem Leser näher zu bringen. Der interessierte Leser, die interessierte Leserin findet im Anhang Hinweise auf weiterführende Literatur, um Ihr Wissen noch vertiefen zu können. Ergänzt wurde das Buch mit Kunstwerken aus meiner Sammlung, in 34 Farbabbildungen, um einen kleinen Eindruck von der Vielfalt künstlerischer Ausdrucksformen von Außenseitern zu vermitteln.

Ich hoffe, dass dieses Buch neue Sichtweisen öffnet, tradierte Vorstellungen, gängige Klischees abbaut und zum besseren Verständnis für die Kunst von Außenseitern beiträgt.

Turhan Demirel							Wuppertal, Juni 2013

1. BILDWELTEN VON AUßENSEITERN

1.1 DIE AUßENSEITER ALS KÜNSTLER

Menschen, die nicht den Erwartungen und den gesetzten Normen der Gesellschaft entsprechen, sich in seelischen Ausnahmesituationen, in schicksalhaft bedingter oder selbstgewählter Isolation befinden, werden fast ausschließlich über ihre „Andersartigkeit" oder ihre „besondere Lebensweise" definiert und durch den Begriff „Außenseiter" erfasst. Die meisten haben ungewöhnliche Erfahrungen in ihrem Leben gemacht, oder befinden sich in äußerster Bedrängnis bzw. in extremen Lebenssituationen: Menschen mit Psychiatrie-Erfahrung, intellektueller Behinderung, Grenzgänger, gesellschaftlich unangepasste, randständige Menschen, verschrobene Sonderlinge, Exzentriker, Visionäre, Gefängnisinsassen.

Nicht anders verhält es sich mit ihrer Kunst. Die spezifisch individuellen und sozio- kulturellen Merkmale der Künstlerinnen und Künstler werden auch zum Maßstab künstlerischer Bewertung. Und so wird ihnen von der offiziellen Kunstwelt, die Rolle des „Außenseiters", des „Marginalen", des „Anderen" zugewiesen.
Die Außenseiter-Künstler/innen bilden eine heterogene Gruppe von Individualisten in unterschiedlichen Lebenssituationen, mit unterschiedlichen persönlichen Erfahrungen, Unterschiedlich sind auch ihre bildnerischen Erfindungen, ihre Gestaltungsmöglichkeiten und handwerklichen Fertigkeiten. Sie zeichnen sich durch die Unverwechselbarkeit der individuellen Ausdrucksweise aus und nicht durch stilistische Einheitlichkeit. Was sie verbindet, ist ihr Wille schöpferisch tätig zu werden und die eigenen, kreativen Kräfte zu entfalten. Nicht zuletzt ihre Freude am gestalterischen Tun.
Von der breiten Öffentlichkeit und der „offiziellen Kunst" kaum wahrgenommen, abseits der großen Aufmerksamkeit, schaffen sie Werke ureigenster Art, intuitiv, und ohne intellektuelle Kontrolle, unabhängig von Kunstkonventionen, frei von jeglichem Anpassungsdruck und unbekümmert der öffentlichen Anerkennung. Geleitet durch ein tief empfundenes Ausdrucksbedürfnis und einem inneren Drang zeichnen und malen sie, von einigen wenigen Ausnahmen abgesehen, ohne jemals

eine wirkliche künstlerische Ausbildung genossen zu haben. Es geht nicht darum, unbedingt Kunst zu machen und einen Markt zu bedienen, sondern darum, als schöpferische Menschen, mittels verschiedener Ausdrucksmittel, ihren Erlebnissen, inneren Vorstellungen, Fantasien und Ideen, in Form und Farbe Ausdruck zu verleihen.

Es fehlt ihnen in der Regel das Verständnis von Kunst im herkömmlichen Sinne und somit auch das Selbstverständnis als Künstler. Und trotzdem sind sie nicht weniger schöpferisch als ihre professionellen Kollegen und auch nicht weniger erfinderisch.

Ihre Kunst. zeichnet sich vor allem durch die Authentizität, Ursprünglichkeit, Unverbildetheit, unverfälschte Spontaneität und Ungezwungenheit ihrer Bildsprache aus.

Sie ist Ausdruck einer tief erlebten Innerlichkeit und wird im Wesentlichen von eigenen Regungen vorangetrieben. Darin finden sie ihre wahre Bestimmung. In ihren Arbeiten steckt mehr Fantasie, Einfallsreichtum und Originalität als in manchen Bildern, die in den Museen bewundert werden.

Die künstlerischen Mittel von Außenseitern sind vielfältig und manifestieren sich auf unterschiedlichste Weise. Sie haben sowohl in der Motivwahl, als auch in der Ausführung, sowie im Umgang mit Materialien und Techniken eine weit gefächerte Palette und bedienen sich aller nur möglichen Ausdrucksmittel. Die Bandbreite der Arbeiten reicht von Malerei und Zeichnung über Plastik und Collage bis hin zur Skulptur.

Ihr bevorzugtes Medium sind jedoch Zeichnungen. Der Grund dürfte zum einen sein, dass das Zeichnen eine Urform der Selbstäußerung und eine elementare Fertigkeit des Menschen ist. Zum anderen, greifen diese Künstler in der Regel nach zufällig vor Ort vorhandenem bzw. leicht erreichbarem Material wie Papier und Stift, weil es ihnen zumeist überall ein Bedürfnis ist, ihr innerstes Erleben zu Papier zu bringen. Es kommt oft vor, dass die Zeichnungen, wegen Materialmangel auf die Rückseite eines Werbeplakats, auf Packpapier, Abfallpapier, Einkaufstaschen oder Briefumschläge angebracht werden. Zum Umsetzen ihrer Vorstellungen verwenden sie nicht selten gefundene Gegenstände wie Holz, Wellpappe, Stoffreste, Kunststoff, Glas und Blech, auf denen mit Stiften, Farben, Tusche sowie Marker, gemalt und gezeichnet wird. Die Eindrucksvollsten Zeugnisse erstaunlicher Vielfalt von Gestaltungsmitteln liefern die fantastischen Bauten von Visionären, intuitiven Schöpfern, die aus zufällig gefundenen und gesammelten Materialien konstruiert worden sind. Die berühmten „Watts Towers" von Sam (Sabato) Rodia (1879-1965) in Los Angeles sind das beste Beispiel dafür.

Die Vielgestaltigkeit der Bildfindung von Außenseitern reicht von flüchtig hingeworfenen Skizzen, auf die Umrisslinien reduzierten, seltsam konstruierten Figuren, bis hin zu dicht gedrängten, flächenfüllenden, dekorativen Strukturen sowie wuchernden, ornamentalgeometrischen Formationen mit Phantasie und Witz. So verschiedenartig die eigenwilligen Werke sein mögen, sie offenbaren sich dem Betrachter oft als seltsam anmutende Bildwelten, mit persönlichen Mythologien, häufig mit kryptischer Symbolik, die wahrscheinlich nie entschlüsselt werden können. Es lassen sich hermetisch verschlüsselte Botschaften erahnen, in denen die Künstlerinnen und Künstler ihren inneren Widersprüchen, unerfüllten Sehnsüchten, unausgesprochenen Wünschen, Ängsten, Phantasien und Obsessionen freien Lauf lassen. Somit beansprucht ihre Bildsprache die herkömmlichen Sehweisen in besonderem Maße. Sie verblüffen, faszinieren, fesseln und irritieren gleichermaßen.

1.2   BEWERTUNG UND REZEPTION DER KUNST VON AUßENSEITERN

Die Bewertung der Kunst von Außenseitern ist im Laufe eines Jahrhunderts, von der Irrenkunst über Art Brut bis zur Outsider Art, einen Wandel durchgemacht. In der gleichen Weise wie sich der Kunst -und Zeitgeschmack veränderte, wie jede Zeit ihr eigenes Verhältnis zu den Außenseitern entwickelte und immer andere Schwerpunkte setzte, fiel auch die Bewertung der Kunst von Außenseitern sehr unterschiedlich aus. Je nach gesellschaftlichen Bedingungen, kulturellen Normen und Kenntnisstand der jeweiligen Zeit, entstand eine Reihe unterschiedlicher Erklärungsansätze, Definitionen und Begriffe(1).

1.2.1 *Rückblick*

Das Phänomen der Außenseiterkunst ist nicht neu. Sie hat eine lange und wechselvolle Geschichte, die bis zurück in das Ende des 19. und Anfang des 20. Jahrhunderts geht. Als die abendländische Kunst zu jener Zeit an ihre Grenzen gestoßen war, begannen viele Künstler sich kritisch mit der traditionellen Kunst auseinander zu setzen und warfen die akademischen Gewohnheiten über Bord. Auf der Suche nach innovativen Ideen, neuen Formen und Ausdrucksmöglichkeiten, entdeckten sie die authentischen, ursprünglichen und unverbrauchten künstlerischen Erscheinungsformen, die außerhalb des tradierten Kunstsystems stattfanden.

Erst stießen sie auf die sogenannte Primitive Kunst der Naturvölker. So übertrug Picasso (1881-1973), 1907, die Formensprache der afrikanischen Plastiken in die Malerei mit dem Bild „Les Demoiselles d`Avignon", das die Kunstwelt revolutionieren sollte. Alsbald entdeckten sie die Naive Kunst von Henri Rousseau, genannt „Le Douanier" (1844-1910) und die künstlerischen Produkte von Menschen, die in den Nervenheilanstalten lebten.

Geweckt wurde das Interesse durch die entscheidenden Beiträge von Psychiatern, die die künstlerischen Qualitäten der Werke von Anstaltsinsassen entdeckt und zu Tage gefördert haben. Einer der ersten, der sich mit den bildnerischen Werken seiner psychotischen Patienten befasst und eine Sammlung aufgebaut hatte, war der italienische Psychiater und Kriminologe Cesare Lombroso (1836-1909). In seinem 1864 erschienenen Buch „Genio e Follia= Genie und Irrsinn"(2) versuchte er, einen Zusammenhang zwischen Genie und Irrsinn, zwischen künstlerischer Begabung und Geisteskrankheit herzustellen, der längst widerlegt worden ist. Dennoch ist dieser unzutreffende Mythos heute noch in den Köpfen vieler lebendig.

1906 schrieb Fritz Mohr (1874–1957) eine Arbeit „über Zeichnungen von Geisteskranken und ihre diagnostische Verwertbarkeit"(3).
Der erste, der in den Werken von Anstaltsinsassen die „Kunst" erkannte und sie nicht allein unter psychiatrischen Gesichtspunkten betrachte-

te, war der französische Psychiater Paul Meunier. Mit dem Pseudonym Marcel Reja (1873-1957), publizierte er 1907, die Monografie: „L'art chez le fous=Die Kunst bei den Verrückten"(4), die leider keinen großen Anklang fand.

Die weiteren ausführlichen Studien zur Kunst der Geisteskranken stammen von Berner Psychiater Walther Morgenthaler (182-1965) und Heidelberger Psychiater und Kunsthistoriker Hans Prinzhorn (1886-1933). Morgenthaler publizierte 1921, seine berühmte Monografie "Ein Geisteskranker als Künstler" (5) über Adolf Wölfli (1864-1930), der länger als 30 Jahre seines Lebens in der Nervenheilanstalt Waldau bei Bern verbrachte und ein umfangreiches Werk von 25000 Blätter mit Zeichnungen, Schriftsätzen sowie Intonationen hinterließ.

Den größten Verdienst jedoch erwarb Hans Prinzhorn. Im Auftrag seines Klinikleiters Prof. Karl Willmanns, begann er 1919 mit der Sammlung von Werken der psychisch Kranken aus verschiedenen europäischen Kliniken und trug innerhalb von drei Jahren weit mehr als 5.000 Arbeiten von etwa 450 Patienten zu Forschungszwecken zusammen. Das Ergebnis seiner wissenschaftlichen Bearbeitung publizierte er 1922, in einer Monografie. Er vermied allerdings für den Titel seines Werkes den Begriff „Kunst" und nannte es „Bildnerei der Geisteskranken"(6).

Prinzhorn entwickelte eine Ausdruckstheorie der Gestaltung, die sich an der Gestaltpsychologie und an der Kunst seiner Zeit (Expressionismus) orientierte. Alsbald wurde das mit 187 Abbildungen reichlich bebilderte Buch von modernen Künstlern entdeckt. Besonders von Surrealisten, die das Buch durch Max Ernst (1891-1976) kennen gelernt hatten, wurde sie mit Begeisterung gelesen und bekam den Beinamen „Bibel der Surrealisten". Sie ließen sich von den Werken der Anstaltsinsassen für ihre eigenen Arbeiten anregen, entwickelten „Wahnsimulation" als Methode, um das kreative Potential im Unbewussten freizulegen und uberboten ihre Vorbilder.

Fasziniert von den eigenständigen, künstlerisch hervorragenden Leistungen der Anstaltsinsassen waren auch andere Künstler, wie Paul Klee (1879-1940), Wassily Kandinsky (1866-1944), und Alfred Kubin (1877-1959). Klee war der erste, der den künstlerischen Wert der Bilder von Geisteskranken erkannt hat, lange bevor das Buch von Prinzhorn erschienen ist. Schon im Jahre 1912 forderte er in einem Aufsatz, die „Irrenkunst" als Gegenkonzept zum „altertümelnden" Kunstbetrieb zu etablieren. Er sprach auch von „erhabener Kunst" im Hinblick auf die künstlerischen Arbeiten von psychisch Kranken und schrieb in seinem Tagebuch über die Werke von Geisteskranken: "Alles das ist tief ernst zu nehmen, ernster als sämtliche Pinakotheken, wenn es gilt heute zu reformieren"(7). Alfred Kubin sprach 1922 von „Wundern des Künstlergeistes" beim Anblick der Arbeiten von Geisteskranken(8). Leider konnte die Bewunderung dieser Kunst, durch moderne Künstler nicht zu der dringend notwendigen Anerkennung führen.

Während des dritten Reiches wurden die Künstler/innen zur Verfemung moderner Kunst ideologisch instrumentalisiert und schließlich als „ biologisch Minderwertige" verfolgt und ermordet. In der Ausstellung „Entartete Kunst" 1937 wurden ihre Werke neben den Bildern moderner Künstler gezeigt, um die Avantgardekunst zu verhöhnen und zu diffamieren.

Nach dem die Rezeption der Kunst von Psychiatrieinsassen während des zweiten Weltkrieges ins Stocken geraten war, erhielt sie in den Nachkriegsjahren einen erneuten Auftrieb, abermals durch Künstler und engagierte Psychiater, wenngleich mit unterschiedlicher Akzentsetzung.

Die Seelenärzte betrachteten die Bilder von Patienten, wie nicht anders zu erwarten, in unmittelbarem Zusammenhang mit ihren Krankheiten. Sie berücksichtigten zwar künstlerische Aspekte, ihre Intention war es, vielmehr mit Hilfe der bildnerischen Erzeugnisse, in das seelische Leben ihrer Patienten einzudringen.(9).

Im September 1950 fand anlässlich des ersten Weltkongresses der Psychiatrie in Paris, eine Ausstellung mit Werken von Patienten aus 16 Ländern im Krankenhaus Sainte- Anne statt. Der Initiator war Robert Volmat aus der psychiatrischen Universitätsklinik Paris. Der erst in 1956 erschienene Katalog mit einem umfangreichen Text von ihm trug den Titel „L` Art psychopathologique "(10). 1959 erfolgten der erste internationale Kongress für „ Psychopathologie und Gründung der Gesellschaft für „Kunst und Psychopathologie des Ausdrucks" in Verona.

Etwa zeitgleich befasste sich mit Werken psychisch Kranker, ein anderer Seelenarzt, Leo Navratil (1901-1986), Gründer des später unter dem Namen „Haus der Künstler" bekannt gewordenen „Zentrums für

Kunst- und Psychotherapie" an der Niederösterreichischen Landesner-
venklinik Maria Gugging. Navratil war der Überzeugung, dass die von
seinen psychotischen Patienten angefertigten Bilder „nicht im normalen
Bewusstseinszustand des Alltags, sondern in einem Zustand der durch
einen anderen Grad zentralnervöser Erregung veränderten Zustand
geschafft wurden". Dafür prägte er den Begriff „zustandsgebundene
Kunst"(11).

Die Psychiater waren der Auffassung, dass die Malerei der Schizophrenen Stilmerkmale besitzen, die ihnen allen gemeinsam sind und sich
dadurch von Werken der gesunden Künstler unterscheiden. 1962 veröf-
fentlichte der Hallenser Psychiater Helmut Rennert (1920-1994) einen
Katalog mit charakteristischen Merkmalen für schizophrene Kunst,(12)
der sich laut Alfred Bader „brauchbar als Arbeitsinstrument" für die
Diagnosestellung erwies(13). In seinem 1965 erschienenen Buch „Schizophrenie und Kunst" beschrieb Navratil drei schizophrene Gestal-
tungstendenzen, die er unter Physiognomisierung, Symbolisierung und
Formalisierung subsumierte(14). Die Vorgehensweise, mit Hilfe eines
Merkmalkatalogs, Schizophrenie diagnostizieren zu wollen, erwies sich
allerdings als Irrweg(15).

Die einseitigen und verallgemeinernden Schlussfolgerungen der Psychiater führten konsequenterweise zur unzulässigen Pathologisierung
der Kunst von psychisch Kranken, mit weitreichenden Folgen für diese
Künstlerinnen und Künstler, nämlich: Die Ausgrenzung mit einem
Stigma des Außenseiters, die Ihnen die Anerkennungschancen er-
schwert und den Zugang zum Kunstbetrieb verwehrt hat. Die dadurch
erzeugte Diskriminierung wirkte sich auch, besonders auf die europäi-
sche Rezeption ihrer Kunst, negativ aus.
Heute besteht weitgehende Übereinstimmung darüber, dass die Betrachtung der Kunst psychisch Kranker aus einseitig psychiatrischer Sicht, zu
Fehlinterpretationen geführt hat. Denn nach heutigem Kenntnisstand
wissen wir, dass es ebenso wenig eine kranke wie eine gesunde Kunst
gibt. Tatsächlich gibt es keinen Anhaltspunkt dafür, dass Kreativität mit
Geisteskrankheit verbunden sein könnte. Es ist längst bekannt, dass der
Prozentsatz der Künstler unter psychisch Kranken ziemlich gering ist.
Dies entspricht etwa dem gleichen Prozentsatz von Künstlern innerhalb
der allgemeinen Bevölkerung und macht deutlich, dass kein automati-

scher Zusammenhang besteht, zwischen psychischer Krankheit und Kunstfähigkeit. Die Ansichten, als handle es sich dabei um eine „Kunst von Kranken", sind faktisch widerlegt und somit als historisch zu betrachten(16).

Die Künstler, die eine große Bewunderung für die Kunst von psychisch Kranken hegten, setzten sich auf ganz andere Weise damit auseinander. Eine Vorreiterrolle dabei nahm der französische Maler Jean Dubuffet (1901-1985) ein. Er war der erste, der den psychopathologischen Ansatz in Frage stellte. In seinem berühmt gewordenen Spruch heißt es: „Unsere Meinung zu dieser Frage ist, dass es ebenso wenig eine Kunst der Verrückten gibt, wie eine Kunst der Magen - oder Kniekranken." Auch wenn etwas zugespitzt, präziser könnte man es nicht formulieren.

Dubuffet gehörte zu den Künstlern der Nachkriegsgeneration, die der Kunstauffassung ihrer Zeit kritisch, ja ablehnend gegenüber stand. Auf der Suche nach ursprünglichen, unverbrauchten, von der Zivilisation unverdorbenen Ausdrucksformen, lernte er während einer Schweiz-Reise, in der Anstalt Waldau bei Bern, die Werke von Adolf Wölfli und Heinrich Anton Müller (1869-1930), in Lausanne die zeichnerischen Arbeiten der Aloïse Corbaz (1886-1964), von hervorragender künstlerischer Qualität, kennen. Außerdem begegnete er einem breiten Kreis von gesellschaftlich unangepassten, randständigen Menschen, Gefangenen, Mediumisten, ungebildeten Laien und Kindern mit Kunstwerken von hoher Qualität. Ihr künstlerisches Geschick hinterließ bei ihm einen nachdrücklichen Eindruck. Ihm wurde klar, dass es neben der offiziellen, gleichzeitig eine andere Kunst in der Nische blühte. Anders als Psychiater glaubte er, in diesen Bildern die wahre Kunst erkannt zu haben und prägte für diese von ihm bewunderten Kunstwerke, den Begriff „Art Brut", zu Deutsch: „rohe Kunst". Gemeint war damit keineswegs unfertiges, unvollkommenes oder geringwertiges, sondern ungeschliffenes, unverfälschtes und ursprüngliches.

In dem Katalogtext mit dem Titel „L'Art brut préféré aux Arts culturels", der anlässlich der Ausstellung in der Pariser Galerie René Drouin im Oktober 1949 erschien und als Manifest der Art Brut gilt, plädierte er leidenschaftlich für eine „rohe Kunst" statt „kultureller Künste". Darin beschrieb er die Art Brut wie folgt: „Wir verstehen darunter Werke von Personen, die unberührt von der kulturellen Kunst geblieben sind, bei denen also Anpassung und Nachahmung - anders als bei den intellektuellen Künstlern - kaum eine oder gar keine Rolle spielen. Eine Kunst also, in der nur die eigene Erfindung in Erscheinung tritt, und die nichts von einem Chamäleon oder einem Affen an sich hat, wie das bei der kulturellen Kunst konstante Praxis ist. Die Autoren dieser Kunst beziehen also alles (Themen, Auswahl der verwendeten Materialien, Mittel der Umsetzung, Rhythmik, zeichnerische Handschrift usw.) aus ihrem eigenen Innern und nicht aus den Klischees der klassischen Kunst oder der gerade aktuellen Kunstströmung"(17).

Dubuffet stellte die Art Brut gegenüber der „kulturellen Kunst", benutzte sie als kategorische Absage an die tradierte Kunstauffassung. In dem Vorwort zum Katalog der Ausstellung in der Galerie Les Mages, Vence 1959 schrieb er: „Es entspricht der Absicht von Art Brut, dem, was das Abendland (ein wenig lautstark) seine „Kultur" nennt, entgegenzutreten, mit ihr völlig aufzuräumen"(18).

Die mit der Art Brut verknüpfte Kunsttheorie Dubuffets, wurde so zum Gegenbild der von ihm abgelehnten kulturellen Kunst. Er war überzeugt, dass wirkliche, wahrhafte Kunst, nur aus dem Inneren des Künstlers, aus freier Fantasie und Gestaltung kommt, unbeeinflusst von Vorschriften der kulturellen Kunst und Schönheitsideale. Künstlerische Erziehung, bewusste, intellektuelle Kontrolle und Nachahmung schienen dem künstlerischen Prozess hinderlich, ja sogar entgegengestellt.

Dubuffet wurde bald zu einem unerschütterlichen Fürsprecher, Förderer und Sammler der Art Brut, trug im Laufe der Jahre über 5000 Bilder zusammen, die er 1972 der Stadt Lausanne stiftete. Die „Collection de l'art brut" umfasst inzwischen mehr als 25000 Werke und ist die umfangreichste Sammlung in ihrer Art. Die Aversion Dubuffets gegenüber den etablierten Kunstinstitutionen war so groß, dass er die Nennung der Sammlung als Museum, ausdrücklich ablehnte(19).

Er beharrte stets auf Reinhaltung der Art Brut, legte dafür strenge Definitionskriterien fest. So sammelte er nur die Werke, die seiner Ansicht nach „einen spontanen und ausgeprägt erfinderischen Charakter aufweisen, der herkömmlichen Kunst und kulturellen Schablonen so wenig wie möglich verpflichtet sind und von Unbekannten stammen, denen die professionellen Künstlermilieus fremd sind"(20). Später beanspruchte er sogar Urheberschaft für diesen Begriff.

Der doktrinäre Rigorismus Dubuffets führte konsequenterweise zu einer strengen Eingrenzung und Abschottung der Art Brut. Somit hat er selbst Schranken errichtet und paradoxerweise, in nicht unerheblichem Maße, zu der Ausgrenzung von Künstler/innen und ihrer Werke beigetragen. Es gehört ebenfalls zu dem Paradoxon von Dubuffet, dass er selbst als anerkannter Maler, in den zeitgenössischen Kunstbetrieb eingebunden war, den er so vehement kritisierte. Trotz diesen Ambivalenzen gebührt ihm zweifellos der geschichtliche Verdienst, die Kunst von psychisch Kranken aus der pathologischen Umklammerung befreit, in den Kunstkontext gestellt und in den Mittelpunkt der öffentlichen Aufmerksamkeit gerückt zu haben.

Der Impuls, den Dubuffet ausgelöst hat, führte zu einer Schärfung des Bewusstseins für die Kunst von Außenseitern und markierte somit den Beginn eines Paradigmenwechsels in ihrer Rezeption. Heute stößt dieser Begriff allerdings mit seinem doktrinären Ansatz an die Grenzen seiner Tragfähigkeit und wird den vielfältigen Erscheinungsformen dieser Kunst nicht mehr gerecht. Schon ein Blick auf die gegenwärtige Außenseiter-Kunstszene genügt, um zu erkennen, dass die Art-Brut-Landschaft im Zuge der soziokulturellen Transformation, in den letzten Dekaden, einen radikalen Wandel vollzogen hat : Die Voraussetzungen und Bedingungen unter denen die Art Brut Künstler in der ersten Hälfte des 20. Jahrhunderts arbeiten mussten, waren etwas grundlegend anderes als die von heute. Die meisten von ihnen lebten hinter hohen Anstaltsmauern, lebenslang eingesperrt und ausgesondert, unter unwürdigen und unerträglichen Bedingungen, in völliger Isolation. Sie waren nicht an das soziale und kulturelle Leben gebunden. Sie malten und zeichneten unter schwierigsten Umständen. Viele von Ihnen verfügten nicht einmal über nötige Utensilien für ihr künstlerisches Schaffen, nicht einmal über ordentliches Zeichenpapier, mussten sie oft zufällig greifbares Material wie Papiere aus Abfällen, Briefpapier, Toilettenpapier, Packpapier und Zeitungspapier benutzen.

Menschen mit ungeahnten Talenten gab es auch außerhalb der Anstaltsmauern und jenseits des Wahnsinns, die in der Abgeschiedenheit ihrer Behausungen, mit manischer Besessenheit malten, zeichneten oder schnitzten, ganz im Sinne von Dubuffet. Ihre Werke blieben meist vor den Augen der Öffentlichkeit verborgen, wurden nicht selten nach ih-

rem Tod entdeckt, wie seinerzeit vom bedeutendsten amerikanischen
Art Brut Künstler Henry Darger (1892 -1973) (21).

Vor diesem Hintergrund schuf Dubuffet sein Art Brut-Konzept.
Seitdem ist eine neue Generation von Künstlerinnen und Künstlern
herangewachsen, die sich von ihren Vorgängern aus dieser Epoche hinsichtlich ihrer Lebensrealität und Erfahrungswelt deutlich unterscheidet.
Menschen in völliger gesellschaftlichen Isolation, unabhängig von der
sozialen und kulturellen Konditionierung und der kulturellen Kunst,
ohne Hilfe vom Außen, gibt es heute ebenso wenig wie langfristig inter-
nierte und vollständig isolierte Anstaltsinsassen ohne Psychopharmaka
und Kunsttherapie.

Im Zuge der Antipsychiatriebewegung und Psychiatriereform in den
Sechziger-und Siebziger Jahren des vergangenen Jahrhunderts sind die
Nervenheilanstalten durch offene Krankenhäuser und Kliniken ersetzt
worden. Um die Integration und tätige Teilhabe am gesellschaftlichen
Leben zu fördern, wurde eine ganze Palette von alternativen Einrich-
tungen wie Tageskliniken, betreutes Wohnen und Arbeiten gegründet.
Im Rahmen dieser integrativen Förderung erhalten psychisch Kranke
und Menschen mit intellektueller Behinderung auch die Möglichkeit,
unter künstlerischer Assistenz, in vielfältiger Weise schöpferisch tätig zu
werden und die eigenen, kreativen Kräfte zu entfalten. Diese so genannten offenen Ateliers bzw. Kunstwerkstätte, in denen optimale Arbeits-
bedingungen geboten und Klienten adäquates Material zur Verfügung
gestellt werden, erleben derzeit einen enormen Hype, und schießen al
lerorts aus dem Boden(22).

Auch wenn ein großer Teil der Erzeugnisse, die in diesen Kunstwerk-
stätten entstehen, durch künstlerische Anleitung in ihrer Authentizität
gefährdet sind und viele von ihnen tatsächlich nicht das Prädikat Kunst
verdienen, entstehen doch immer öfter selbst erarbeitete, authentische
Kunstwerke von erstaunlicher Qualität.

Die oben skizzierten Fakten machen unübersehbar deutlich, dass die
Nachkommen der klassischen Art -Brut- Künstler/innen und ihre Werke, kaum oder gar nicht die eng gefassten Kriterien Dubuffets erfüllen.
Sie geben genügend Anlass zu der Frage, ob der Art Brut Begriff als
solcher überhaupt noch Gültigkeit hat, ob er nicht mit Dubuffets Na-

men und seiner Zeit verbunden ist und endgültig der Vergangenheit angehört.

Der Begriff „Außenseiter-Kunst" hat sich im deutschen Sprachgebrauch durch Übersetzung der englischen Bezeichnung „Outsider Art" eingebürgert. Outsider Art tauchte zum ersten Mal als Titel eines 1972 erschienen Buches vom englischen Kunstschriftstellers Roger Cardinal auf(23.) Damit war ein neuer Begriff geschaffen, der ursprünglich, im Einvernehmen mit Dubuffet, als englisches Synonym für Art Brut konzipiert wurde und ihre Linie fortsetzte.

Im Laufe der Zeit wurde der Begriff, vor allem in den USA, immer mehr ausgedehnt, sodass er heute weit über die Art Brut hinaus geht und ein breiteres Spektrum abdeckt. Somit dient die Outsider Art als Sammelbezeichnung für alle künstlerischen Erscheinungsformen, die jenseits der etablierten Kunstwelt und außerhalb der Kunstgeschichte - und Tradition stattfinden. Darunter fallen zeitgenössische Volkskunst, Kunst der Naiven und Ethnien (Afro-Amerikaner), von begabten Amateuren und dilettierenden Laienmaler und neuerdings auch die Kunst von Menschen mit intellektueller Behinderung.

Die Bezeichnung Outsider Art steht, vom Prinzip her, in der Traditionslinie seines Vorläufers und unterscheidet sich in der Grundhaltung kaum von der Art Brut. Sie versucht eine komplexe Vielfalt künstlerischer Erscheinungen zu beschreiben und einzuordnen, bedient sich dabei der spezifisch individuellen Verhaltens- und Lebensformen der Künstler/innen und definiert ihre Kunst über ihr "Außenseitertum".

Betrachtet man diese Definitionen und Begriffe hinsichtlich ihrer Tragfähigkeit, so stellt man fest, dass sie in ihren Erklärungsansätzen unzureichend sind und Probleme mit sich bringen. Das eine ist: Sie suggerieren, als sei die Kunst von Außenseitern, eine in sich geschlossene Einheit, die bestimmten stilistisch-formalen Kriterien unterliegt. Sie ist aber in ihrer Vielfältigkeit und Pluralität viel zu heterogen, als das sie in eine typologische Einordnung bzw. pauschale Kategorisierung eingezwängt werden könnte. Ein weiteres Problem ist: Sie bewerten die Kunst in kausaler Ableitung aus psycho-sozialem Status der Schöpfer und benutzen dies als Grundlage für die Definition und ebnen den Weg zur Ausgrenzung.

Ein weiterer Faktor, der bei der Ausgrenzung der Kunst von Außenseitern eine wichtige Rolle spielt, ist die weitgehende Ignoranz der tonangebenden Instanzen der Kunstwelt.

Das überwiegend von der westlichen Kunsttradition geprägte Kunstestablishment hat lange Zeit versäumt, den künstlerischen Eigenwert der ästhetischen Ausdrucksformen, jenseits der etablierten Kunst zu erkennen. Diese wurden zu Unrecht als „ahistorisch, unvollkommen, unkünstlerisch" eingestuft und ihren Schöpfern die Kunstfähigkeit abgesprochen. So schrieb der Schweizer Kunsthistoriker Georg Schmidt, 1962: "Obgleich es unter den Geisteskranken …ungewöhnlich starke Begabungen gibt, scheuen wir uns, ihren Produkten den Namen der Kunst im strengeren, reineren Sinn zuzuerkennen (24). Es wird ihr vorgeworfen, sie sei nicht im kunsthistorischen Kontext verankert und fände jenseits der Kunstgeschichte- und Tradition statt. Ein weiterer Vorwurf lautet: ihre Schöpfer reflektierten nicht über ihre Kunst und die Welt ihrer Zeit.

Es werden allerdings zunehmend kritische Stimmen laut, die diese Sichtweise nicht teilen. Ihre Einwände richten sich gegen eine Unterscheidung zwischen hoher und niederer Kunst, zwischen Insider und Outsider. Sie argumentieren, dass es sich bei den Produkten von Außenseitern um Kunstwerke handele, auch wenn ihre Urheber nicht im kunsthistorischen Kontext verankert sind und ohne Rückgriff auf tradierte Konzepte, ohne intellektuelle Kontrolle, unreflektiert Bilder schaffen. So schreibt der Heidelberger Kunsthistoriker Hans Gercke: „Ob der Autor einer Arbeit selbst als Künstler versteht und sein Schaffen entsprechend reflektiert, kann nicht das entscheidende Kriterium sein"(25). Zu Recht macht die Publizistin aus Wien, Angelika Bäumer darauf aufmerksam, dass „die Voraussetzungen, unter denen Kunst entsteht ebenso unwichtig sind, wie der Bewusstseinszustand des Künstlers für das Ergebnis entscheidend ist"(26). In gleicher Weise argumentiert auch der Hamburger Kunstsammler Günther Gercken: „Es handelt sich bei Kunstwerken immer um singuläre Schöpfungen, deren Form- und Aussagekraft und nicht deren Herkunfts- und Entstehungsbedingungen das Kriterium für die Wertschätzung sein darf "(27). Für die Beurteilung der künstlerischen Leistung zählt für sie allein das Werk selbst, als etwas Autonomes, losgelöst von der Biographie des Urhebers und den Entstehungsumständen.

Es wird ferner argumentiert, dass die bloße Tatsache, dass die Urheber zu den Außenseitern der Gesellschaft gehören, nicht zu dem Nachteil führen darf, dass gleichsam ihre Werke vom öffentlich anerkannten Kunstbetrieb ausgegrenzt werden. Folgerichtig heißt es: Auch wenn biografische Elemente in das Werk eines Künstlers mit einfließen können, wäre es dennoch falsch, wollte man die Werke von Außenseitern ausschließlich nach ihrer Lebens- und Krankengeschichte bewerten. Dies begrenzt die Wahrnehmung auf einen untergeordneten Aspekt und versperrt den Blick auf das Werk selbst. In der Tat ist es gleichgültig, ob der Urheber eines Kunstwerks seelisch gesund oder krank, ob er sozial gut oder weniger gut integriert ist. Der seelisch-geistige Zustand oder der soziale Status des Schöpfers, mit anderen Worten sein "Anderssein" darf nicht zur Orientierungsgröße bei der Beurteilung seiner Kunst werden, auch dann nicht, wenn er seine Bilder ohne „künstlerische Absicht" schafft. Entscheidend für das ästhetische Urteil sind die Originalität, authentische Ausdruckskraft, bildnerische Fantasie, individuelle Gestaltungsweise sowie formale und inhaltliche Aussage der Kunstwerke selber. Wer das Kunstwerk als Dokument der Krankengeschichte des Künstlers betrachtet und seine künstlerische Wertung, aus dem Geisteszustand (Gesund-Krank) oder aus seinem sozialen Status (Insider-Outsider) des Schöpfers ableitet, wird dem Urheber in keiner Weise gerecht.

1.2.2 *Gegenwart und Ausblick*

Fast unberührt von der kontroversen Auseinandersetzung und unabhängig von den unterschiedlichen Positionen in Fachkreisen, erfreut sich die Kunst von Außenseitern eines immer stärker werdenden Interesses. Immer mehr Menschen entdecken die Faszination, die von dieser Kunst ausgeht und der Kreis der Bewunderer, Kenner und Sammler wird immer größer. Man betrachtet sie nicht mehr nur als „randständige Kuriosität" von eher geringer Bedeutung, sondern erkennt sie in ihrem künstlerischen Eigenwert. Zunehmend nimmt auch die breite Öffentlichkeit sie mit Begeisterung zur Kenntnis.

Einen wesentlichen Anteil an dem wachsenden allgemeinen Interesse haben auch Ausstellungen, öffentliche Debatten, Symposien und Berichterstattung in den Massenmedien sowie zahlreiche Publikationen, u. a. auch Zeitschriften (Raw Vision, The Outsider, Zon Art, Art Visionary) für die Außenseiterkunst. Es gibt längst ein eigenes Handelssegment, eine jährlich stattfindende internationale Messe in New York (Outsider Art Fair), ein Spezialsektor (Art Brut) auf der Art Cologne und eigens dafür eingerichtete Museen(28). Sie ist inzwischen der etablierten Kunst merklich näher gekommen.

Gleichwohl: Das Interesse eines immer größeren Publikums steht zu der Gleichgültigkeit gegenüber, die die Außenseiter von dem etablierten Kunstbetrieb erfährt. Die Anerkennung von der offiziellen Seite hält mit jener der Rezipienten, Sammler und Liebhaber nicht Schritt. Die vorherrschenden Vorurteile und Missverständnisse sind zwar heute zum Teil aufgehoben, dennoch fällt es der Kunstwelt mit ihrem elitären Hochmut, immer noch schwer, die Außenseiterkunst aus ihrer Nische herauszuholen, den Zugang zur etablierten Kunst zu gewähren und auf diese Weise ihre Isolation zu überwinden. Es fehlt ihnen an Partizipation, Anerkennung und Gleichbehandlung. Es zeigt sich nicht zuletzt darin, dass sie in den öffentlichen Museen und Mainstream- Galerien bei weitem nicht so vertreten sind, wie sie es verdienten. Zwar beginnen in jüngster Zeit einige Museen zaghaft ihre Pforten, einen Spalt zu öffnen, die Ausgrenzung bleibt aber weiterhin bestehen. Ihnen wird nach wie vor die Rolle des „Außenseiters", des „Marginalen", „Fremden" zugewiesen, sodass sie nicht gleichrangig, auf gleicher Augenhöhe mit den etablierten Künstlern ausgestellt werden.

Eine solche Haltung entspricht, in unserer globalisierten Welt und in einer Zeit eines sich ständig erweiternden Kunstbegriffs(29), nicht dem Wesen der universellen Kunst. Sie ist aus heutiger Sicht äußerst fragwürdig, ja obsolet geworden. Im Grunde sind etablierte Kunst und Außenseiterkunst zwei Ufer ein und - desselben Flusses. Es gilt somit eine Brücke zu schlagen, zwischen beiden Ufern. Dies erfordert allerdings einen längst fälligen Perspektivwechsel, der die bisherigen Begrifflichkeiten auf ihre Tauglichkeit befragt und jenseits von Kategorisierungen und Etikettierungen, die den Künstler ebenso ausgrenzen, wie das Werk selbst, nach einem zukunftstauglichen Konzept mit neuen Ansätzen sucht. Das setzt jedoch die Bereitschaft voraus, unsere Kunstauffassung kritisch zu hinterfragen, unsere gewohnten Sichtweisen, althergebrachten Vorurteile und Klischees zu revidieren.

Versucht man aus dem bisherigen, deutlich aufwärtsgerichteten Entwicklungstrend eine Prognose zu erstellen, so spricht vieles dafür, dass die nächsten Jahrzehnte einen unaufhaltsamen Anstieg der Wertschätzung von Außenseiterkunst, nicht nur bei Betrachtern, Sammlern und Liebhabern, sondern, auch bei etablierten Institutionen des Kunstsystems, bringen werden. Dies nährt die Hoffnung, dass die so genannten Außenseiter, die einen langen steinigen Weg hinter sich gebracht haben, endlich da ankommen, wo sie hin gehören, um Anerkennung und Würdigung ihrer künstlerischen Leistungen zu erhalten

2. EIGENE SAMMLUNG

2.1 DIE SAMMLUNG

Jeder Kunstsammler hat so seine Geschichte, deren Anfänge den verschiedensten Umständen zu verdanken sind. Neben dem Zauber, der von der Kunst ausgeht, ist es häufig der unerhoffte Zufall, der eine Begeisterung, eine emotionale Verbundenheit und somit eine Leidenschaft des Sammelns auslöst.

Auch ich kam erstmals vor 20 Jahren zufällig mit der Kunst von Außenseitern in Berührung, in dem ich eine Assemblage einer Autodidaktin, mit einer urtümlichen Ausdruckskraft entdeckte. Es war ein ergreifendes Erlebnis. Diese unmittelbare Begegnung war meine Initialzündung. Eine Mischung von ästhetischer Bewunderung und Neugier hat Türen geöffnet, die mich in eine neue Welt der Wahrnehmung führten.

Ich begann mich mit dieser Kunst der sogenannten Außenseiter zu befassen. Binnen kurzer Zeit verfiel ich dem Reiz der neuen, im traditionellen Sinne „unkünstlerischen", unkonventionellen Bild- und Formensprache von verblüffender Vielfältigkeit. Gleichsam veränderte sich meine Wahrnehmung für die rohen, unmittelbaren Ausdrucksformen. Ich wurde allmählich von einer Kunst in den Bann gezogen, die meinen gesamten Blick schulte und meine Sehgewohnheiten in einer erkennbaren Weise veränderte.

Als bald lernte ich sie schätzen und lieben, und war außerstande mich ihrem Zauber zu entziehen. Daraus entwickelte sich eine Sammelleidenschaft, die mich bis heute nicht mehr losgelassen hat. So wurde dieses Objekt, der Grundstock einer Sammlung, die heute rund 600 Gemälde, Zeichnungen, Grafiken, Objekte, Assemblagen und Plastiken von rund 154 Künstler/innen umfasst. Einige Künstler/innen sind mit mehreren Arbeiten vertreten. Der überwiegende Teil der Exponate sind Papierarbeiten.

Im Laufe der Jahre wuchs meine Erfahrung und so stieg auch mein Qualitätsanspruch. Die Begegnung mit einigen Künstlern, welche einen sensiblen Umgang und Feingefühl forderte, war zudem eine persönliche Bereicherung von unschätzbarem Wert, auch wenn die verbale Kommunikation sich zuweilen schwierig und anstrengend gestaltete. So habe ich auch viele Kontakte zu Künstlerinnen und Künstlern aufgebaut und sehr viel von ihnen gelernt.

Jeder Sammler hat seine eigene Motivation, individuelle Auswahlkriterien und eigenes Konzept, die je nach persönlichen Vorlieben und der konkreten Vorstellungen des Sammlers variieren. Ich sammelte was mich interessierte, zuinnerst berührte und was ich allein nach meinem subjektiven Verständnis gut und künstlerisch wertvoll fand. Beim Erwerb ließ ich mich vor allem von der spontanen, ursprünglichen Ausdruckskraft einer Arbeit sowie von der Authentizität und Unmittelbarkeit der künstlerischen Aussage an sich, leiten.

Dementsprechend ist meine Sammlung nicht so sehr geprägt von einer schwerpunktmäßigen Sammeltätigkeit, sondern vielmehr von einer sehr persönlichen, subjektiven Zusammenstellung mit dem Wunsch, die Vielfalt der künstlerischen Ausdrucksformen und die Künstlerpersönlichkeiten unterschiedlichster Art, möglichst breit zu erfassen. Folgerichtig ist ein homogener Sammlungsbestand als geschlossenes Ganzes nicht zu erwarten. Die Homogenität ist wohl auch deshalb nicht zu erreichen, da die Außenseiter-Kunst ihrem Wesen nach kein Stil, Schule oder Bewegung mit eigenen Merkmalen, sondern ein facettenreiches künstlerisches Phänomen von formaler und stilistischer Heterogenität.

In der Sammlung, sind Werke von bedeutenden zeitgenössischen Künstler/innen europäischer Herkunft wie Benjamin Bonjour, Johann Garber, Rosemary Koczy, Michel Nedjar, Alain Pauzié, Andre Robillard, Ody Saban, Jean Joseph Sanfourche, Gèrard Sendrey, Pierre Silvin, Friedrich Schröder-Sonnenstern, Robert Tatin, Pèpè Vignes, und August Walla ebenso vertreten wie Arbeiten außereuropäischer Outsider, unter anderem von Jerry Coker, Ted Gordon, R.A. Miller, Louis Monza, Royal (Prophet) Robertson, Cher Shaffer, Henry Speller, und Purvis Young. Zudem verfügt die Sammlung über eine nicht geringe Anzahl eindrucksvoller Zeichnungen von einzelnen Künstler/innen wie Alpha Andrews, Martha Grunenwaldt, Paula Pipa, John Henry Toney, Irene Weismantel und Carter Lee Wellborn. Den eigentlichen Bestandteil der

Sammlung bilden jedoch, meinem Herzensanliegen entsprechend, die Werke von weniger bekannten und (noch) unbekannten aber nicht minder faszinierenden Künstler/innen, die in relativ großer Zahl vertreten sind und Seite an Seite, gleichberechtigt. mit denen von prominenten, zeitgenössischen Protagonisten stehen.

Manche der in meine Sammlung aufgenommenen Arbeiten mögen für den durch traditionelle Kunst geschulten Blick wenig anspruchsvoll, schlicht, gestalterisch unprofessionell, manche unbeholfen, ungelenk ja kindhaft ausgeführt sein. Dennoch oder vielleicht gerade darum, fehlt es ihnen nicht an einer Eindringlichkeit, Wahrhaftigkeit und Ursprünglichkeit, die gerade ihre Stärke, ihren Reiz und überhaupt die Faszination ausmachen. Vielleicht ist dies das Geheimnis, warum man sich dem Zauber nicht entziehen kann. Es kommt nicht von ungefähr, dass viele Künstler der Moderne, wertvolle Anregungen aus der Kunst der Außenseiter dankbar entgegen genommen haben.

Dass sich die Außenseiter dem herkömmlichen Kanon der akademischen Kunst entziehen und den herrschenden Normen der Ästhetik widersprechen, versteht sich von selbst und ist in der Natur dieser eigensinnigen Kunst begründet. Außerdem hängt das künstlerische Werturteil, welches nicht von selbst schon eine Norm ist, nicht nur von dem Werk selbst ab, sondern auch von den Empfindungen, die bei dem Beschauer ausgelöst werden. Nicht zuletzt aber von der individuellen Geschichte und der subjektiven Wertung und Eigenwahrnehmung des einzelnen Betrachters. Denn die Betrachtung eines Bildes ist unbestritten auch immer eine Kontaktaufnahme mit den eigenen Empfindungen, ureigensten Erfahrungen und der Erlebnisfähigkeit, somit freien Interpretationen zugänglich und   vielschichtig. Davon abgesehen, dass die Qualität in der etablierten Kunstszene nicht selten vom Markt diktiert wird, Strömungen der Zeit, und wechselnden Moden unterworfen ist.

Durch Neuerwerbungen, die fortwährend hinzukommen, wächst die Sammlung ständig. Gleichwohl ist sie nicht auf Vollständigkeit ausgerichtet und erhebt keinen Anspruch auf einen breiten, repräsentativen Überblick über die Kunst der Außenseiter. Sie ist und bleibt fragmentarisch, lückenhaft und maßgeblich vom eigenen Geschmack von persönlichen Vorlieben, sowie vom Zufall und nicht zuletzt von finanziellen Mitteln geprägt.

Es gehört zu meinem Verständnis, dass Kunstsammlungen der Öffentlichkeit zugänglich sein müssen. Deshalb habe ich, um eine breitere öffentliche Wahrnehmung für die Werke und deren Schöpfern zu verschaffen, Teile meiner Sammlung online zur Verfügung gestellt. Interessierte Leser seien auf folgende Webseiten verwiesen:

http://www.outsider-bildwelten.de
http://www.outsider-artworld.com

2.2 WERKAUSWAHL AUS DER SAMMLUNG

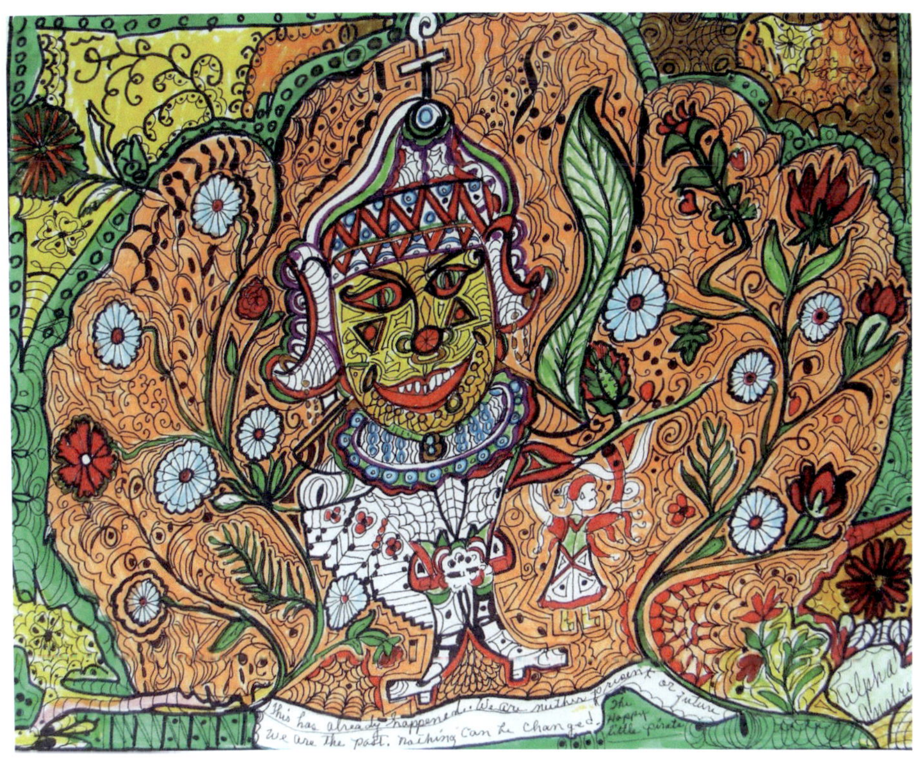

Already Happened, undatiert
Bleistift und Marker auf Papier, 28x33 cm

ANONYM

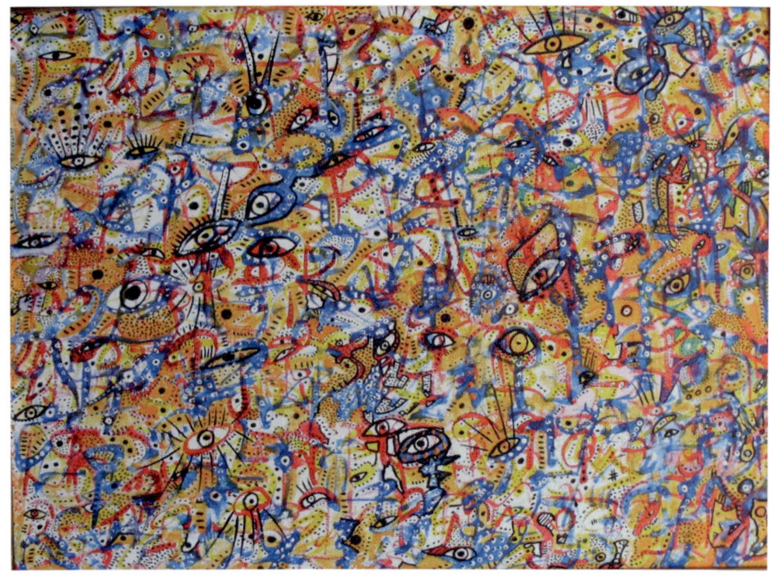

Baawagswirragsstiftung, undatiert
Öl auf Leinwand, 30x40 cm

BEATRICE BABARIT

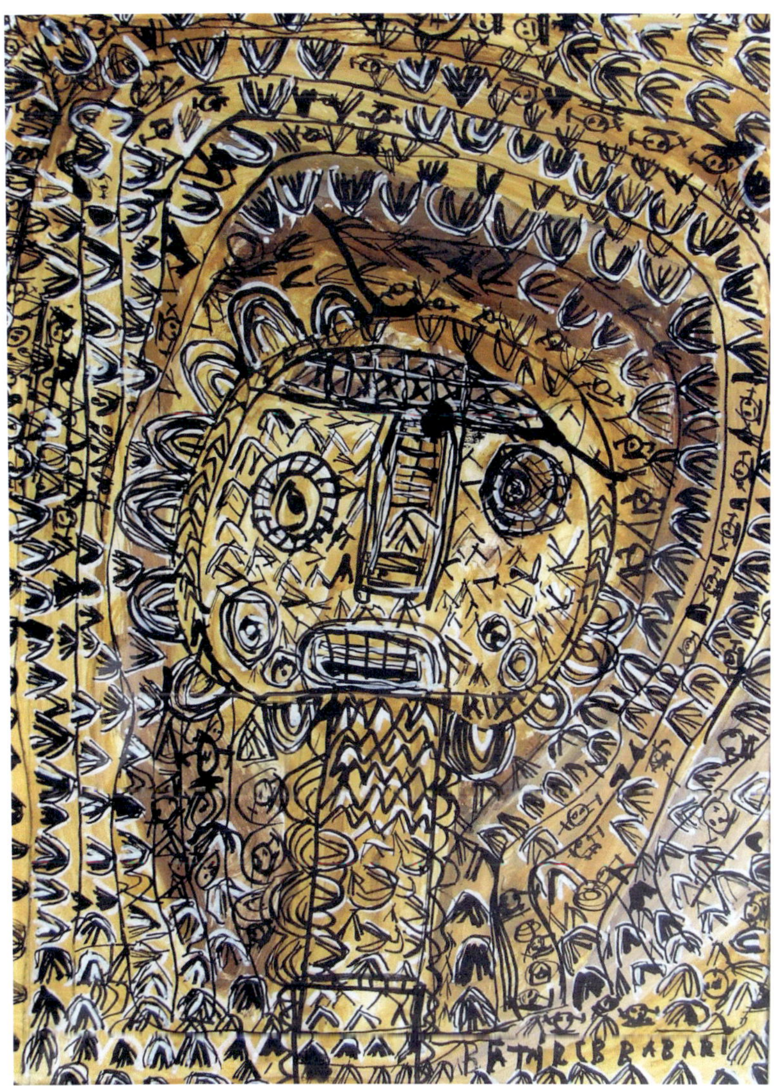

ohne Titel, undatiert
Tusche und Acryl auf Malkarton, 35x27 cm

UWE BENDER

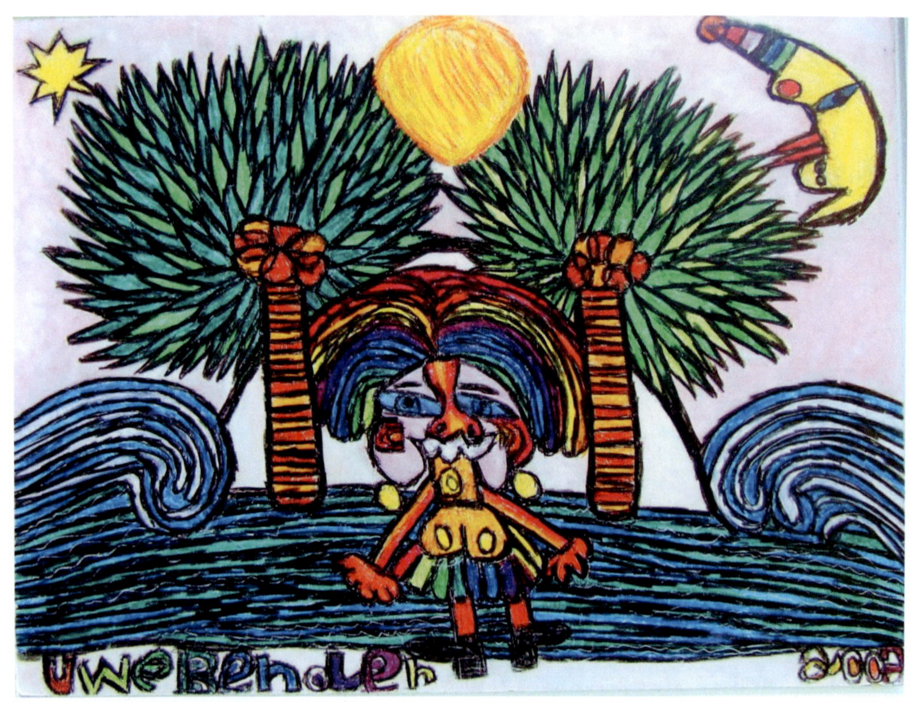

Hawaii, 2001/2002
Wachskreide auf Karton, 72,6x98,6 cm

CANDYCE BROCKAW

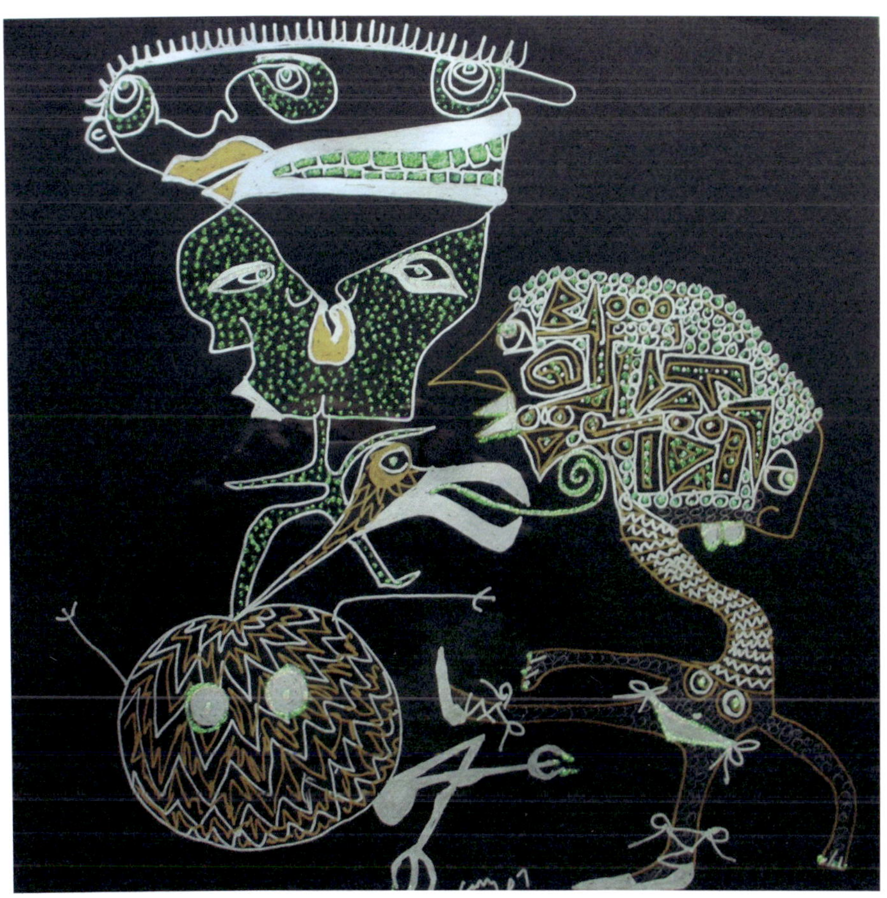

ohne Titel, 2007
Mischtechnik auf Papier, 29x29 cm

JEAN DELDEVEZ

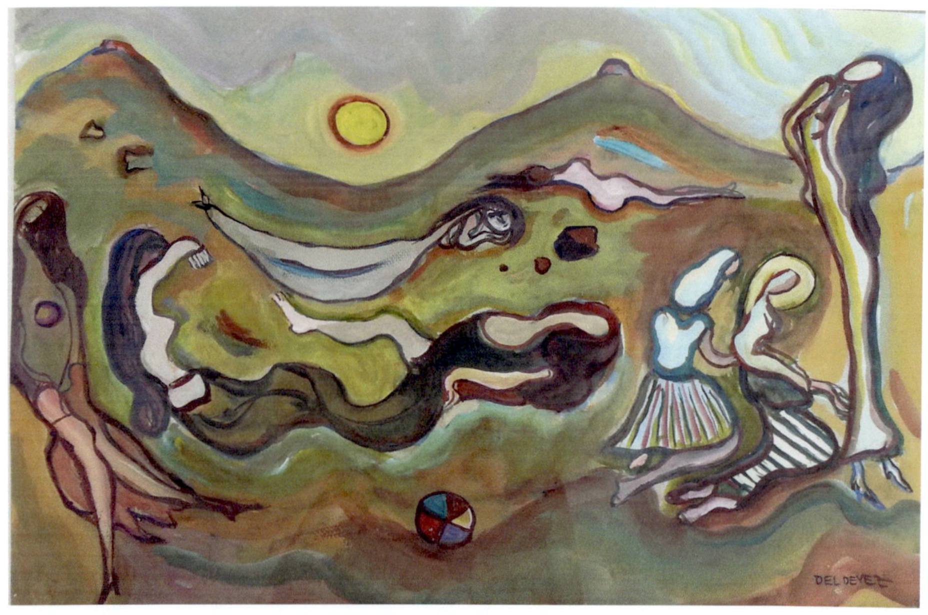

Paysages aux femme et Mamelons, 1979
Gouache auf Malkarton, 32x49 cm

ULLA DIEDRICHSEN

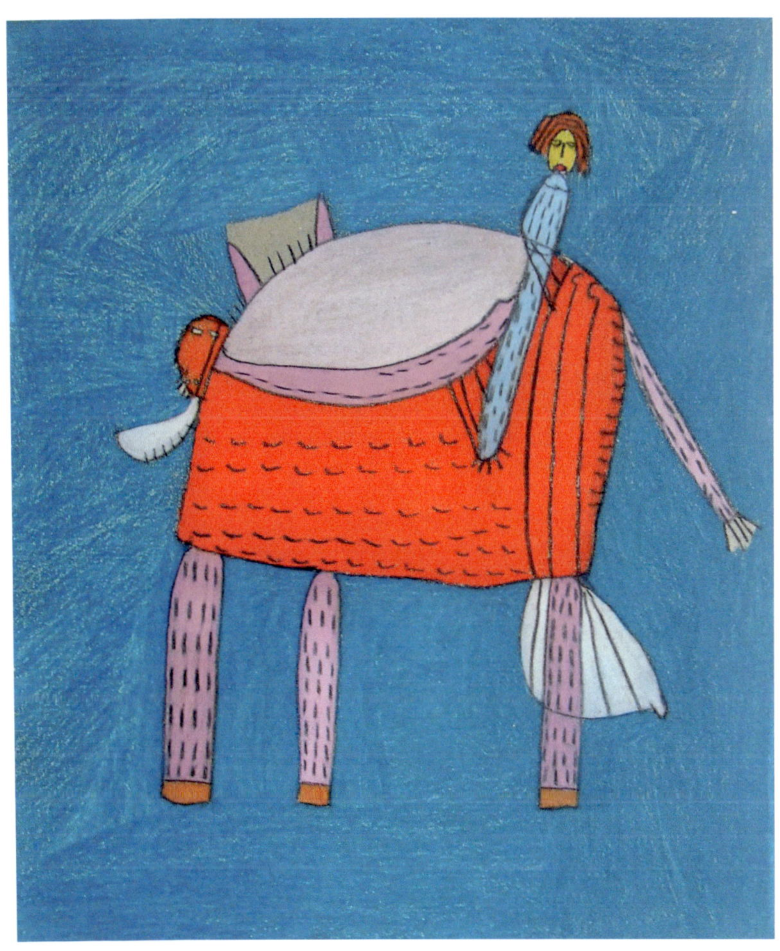

Der Reiter, undatiert
Wachskreiden auf Papier, 43x36 cm

DAVID DUNIC

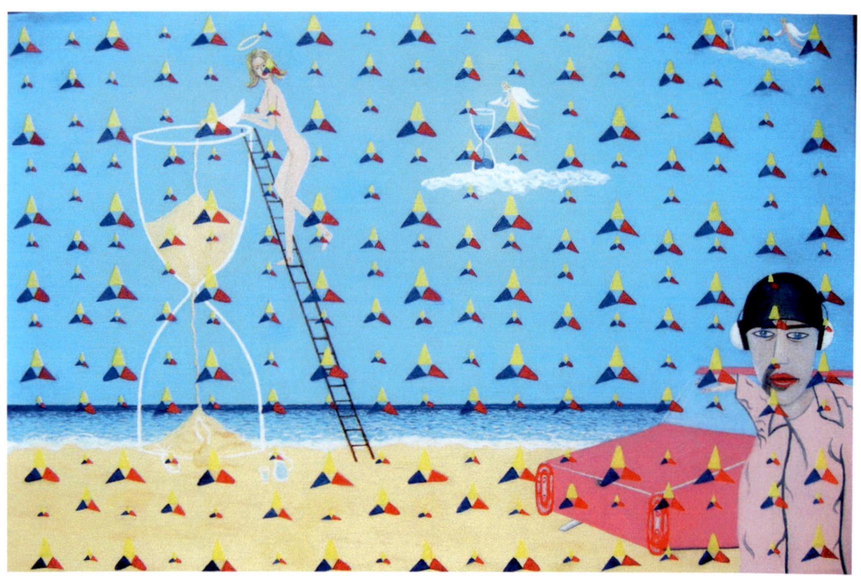

Erschaffung der Wolken, 2008
Öl auf Leinwand, 40x70 cm

TED GORDON

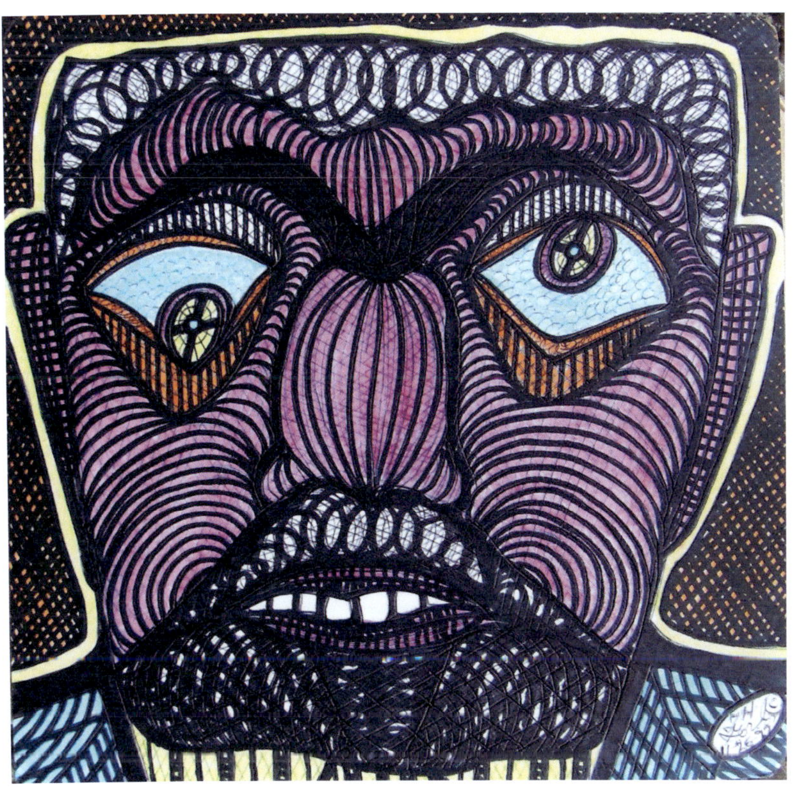

Svengali´s Competitor, 1990
Marker und Stifte auf Karton, 23,5x23,5 cm

MARTHA GRUNENWALDT

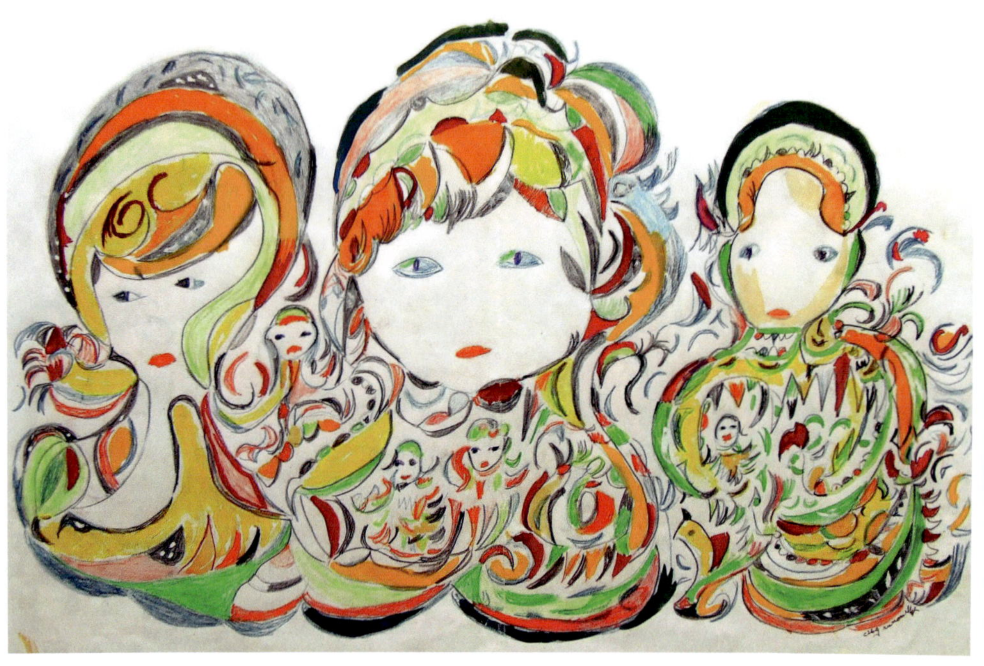

ohne Titel, undatiert
Buntstifte auf grauem Papier, 39x59 cm

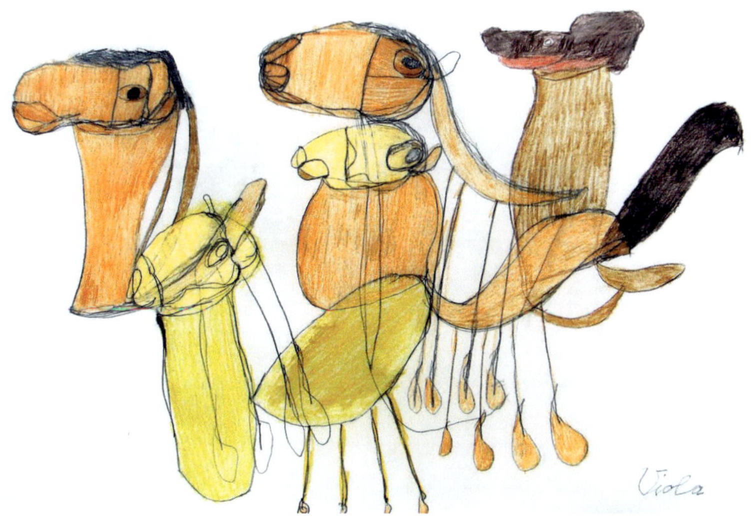

Kamele, undatiert
Bleistift und Buntstifte auf Papier, 29,5x41,5 cm

MARCO HOUBEN

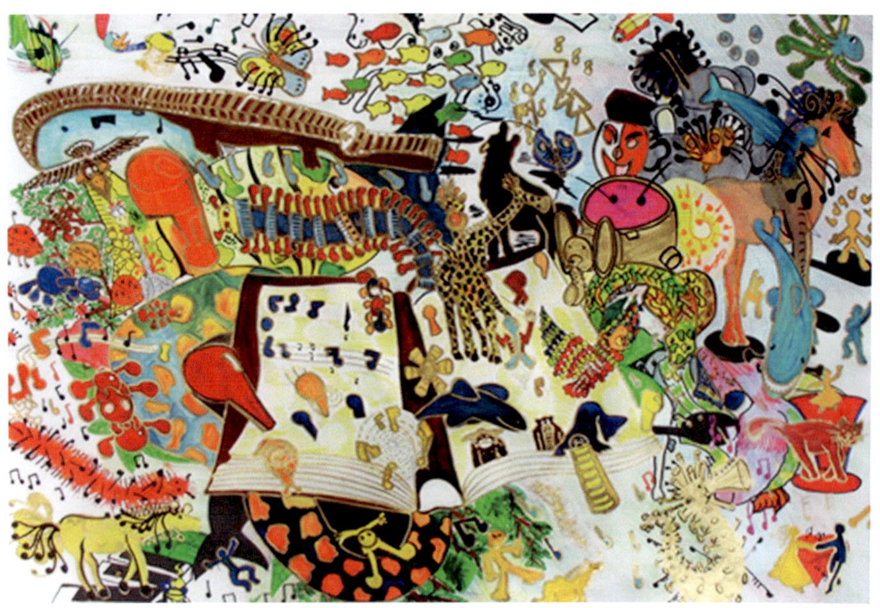

Musik, undatiert
Mischtechnik auf Papier, 60x80 cm

ALEXANDRA HUBER

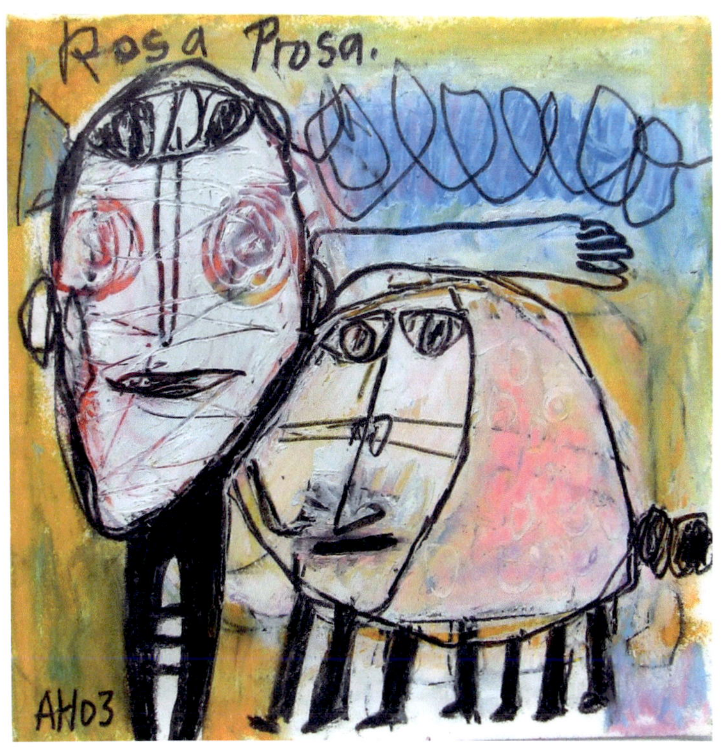

Rosa Prosa, 2003
Grafit und Ölkreide auf Papier, 15x15 cm

ROSEMARIE KOCZY

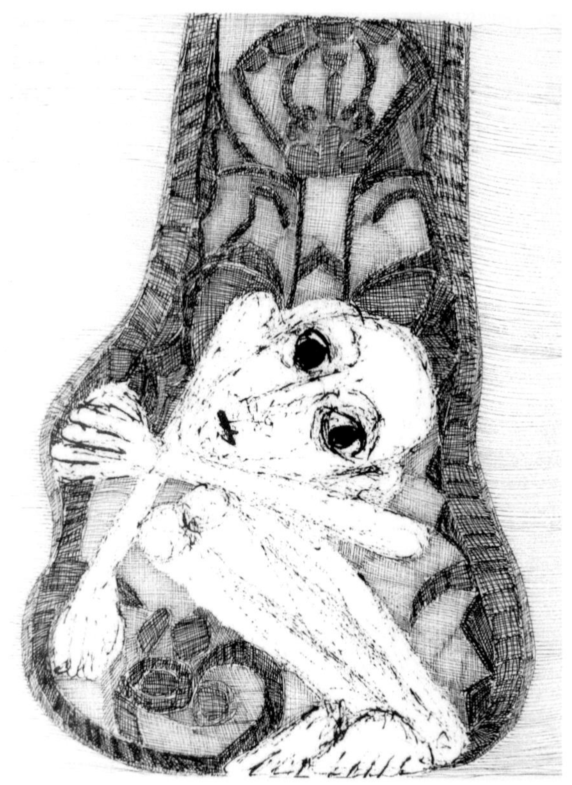

ohne Titel,2003
Tusche auf Papier, 25,5x27,5 cm

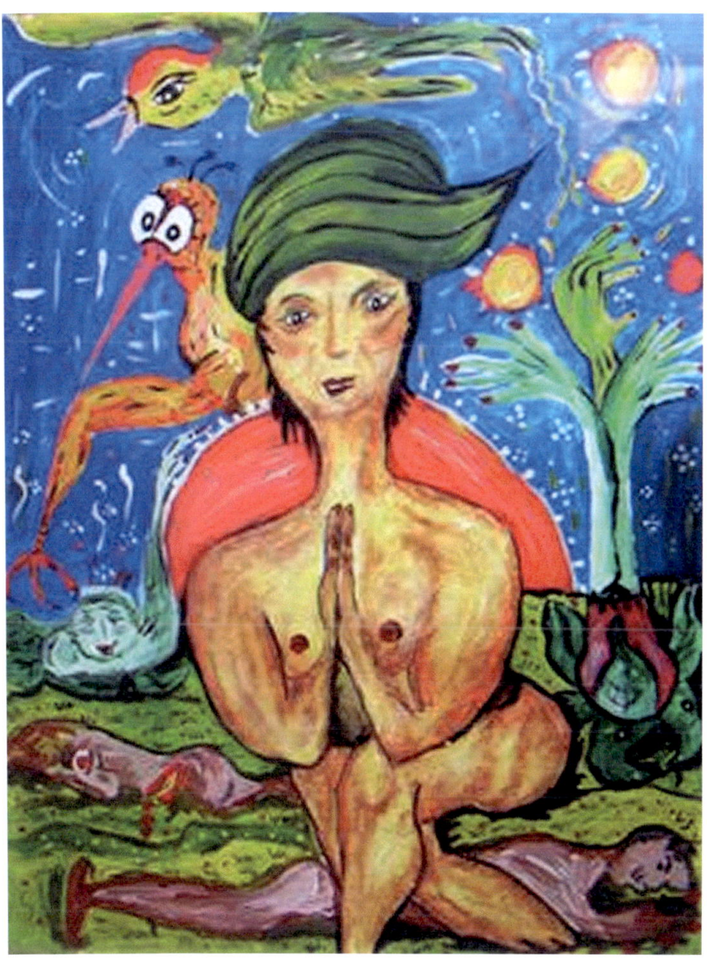

ohne Titel, undatiert
Gouache auf Papier, 37x27 cm

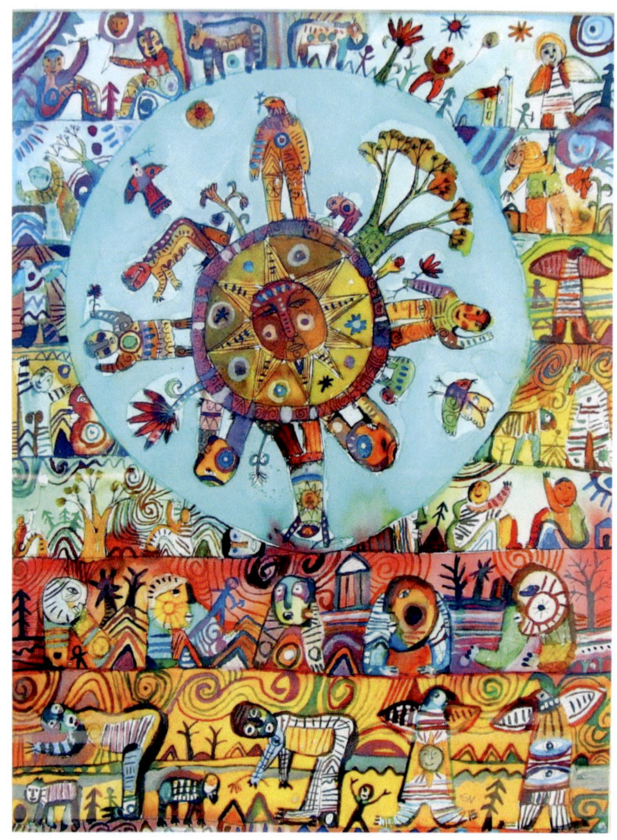

Mandala 2, 2004
Aquarell und Tusche auf Papier, 40x29 cm

PAULA PIPA

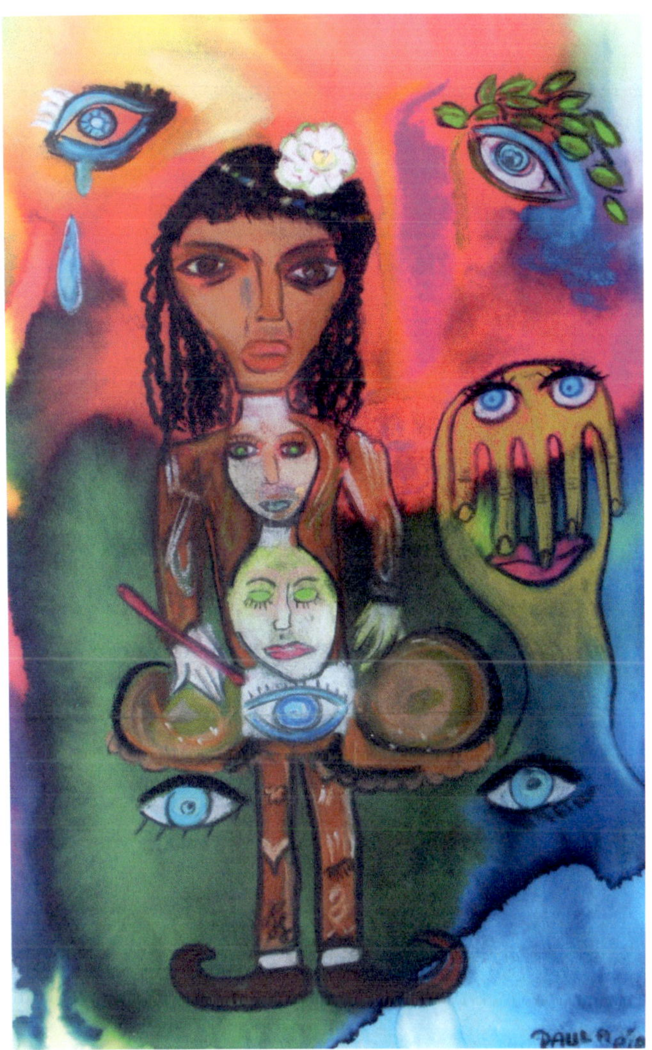

Hüterin der Seele, undatiert
Acryl auf Papier, 47x28,5 cm

ODY SABAN

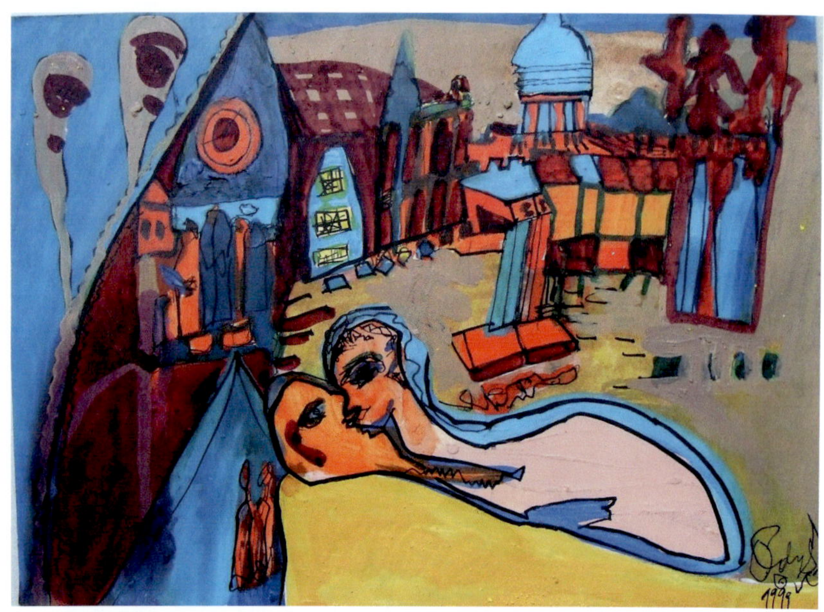

ohne Titel, 1999
Acryl auf Papier, 24x32 cm

JEAN- JOSEPH SANFOURCHE

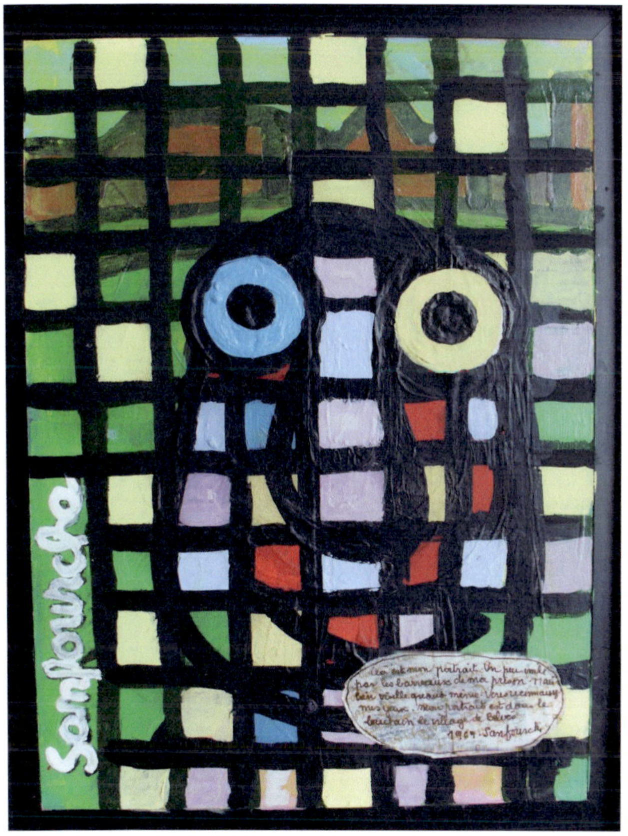

ohne Titel, 1969
Öl auf Holz und Collage, 45x32 cm

ELKE SCHEIGE

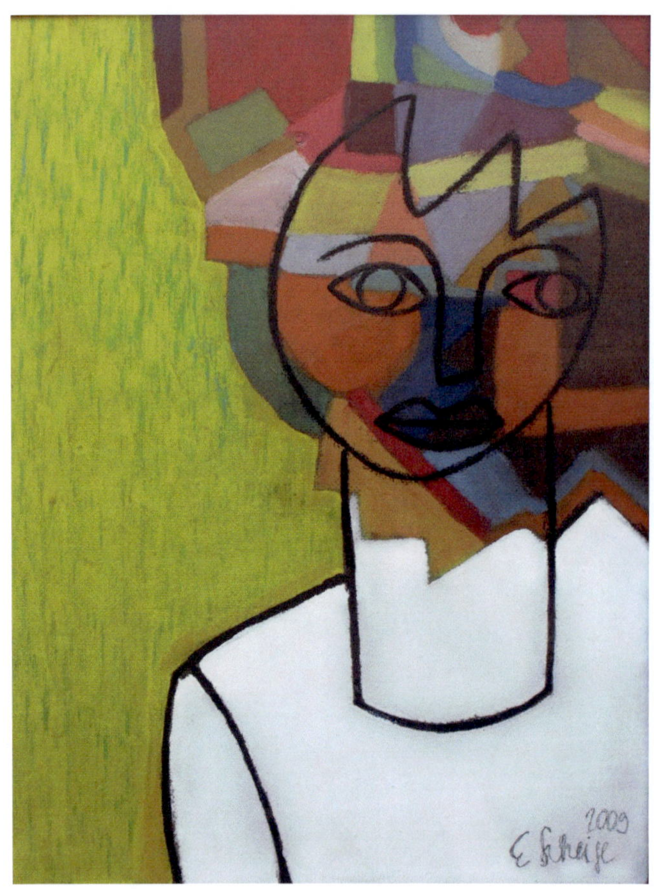

Sarah, 2009
Acryl auf Spannholz, 52x42 cm

GERARD SÉNDREY

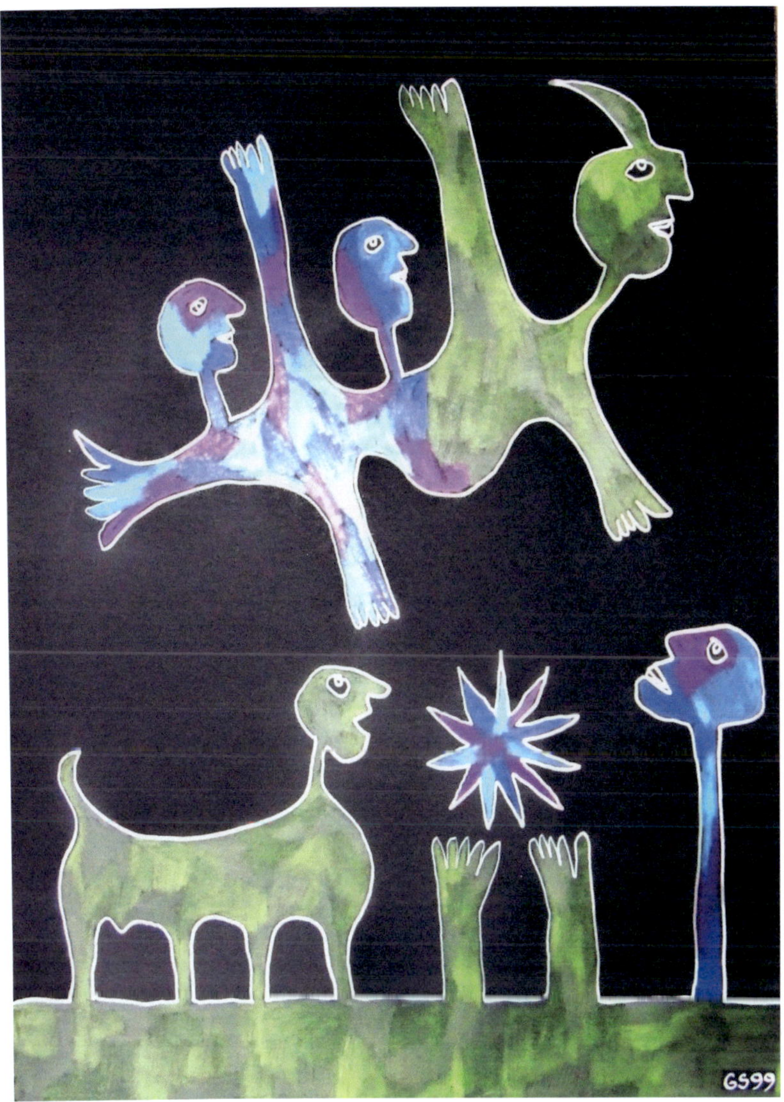

Composition, 1999
Mischtechnik auf Malkarton

PIERRE SILVIN

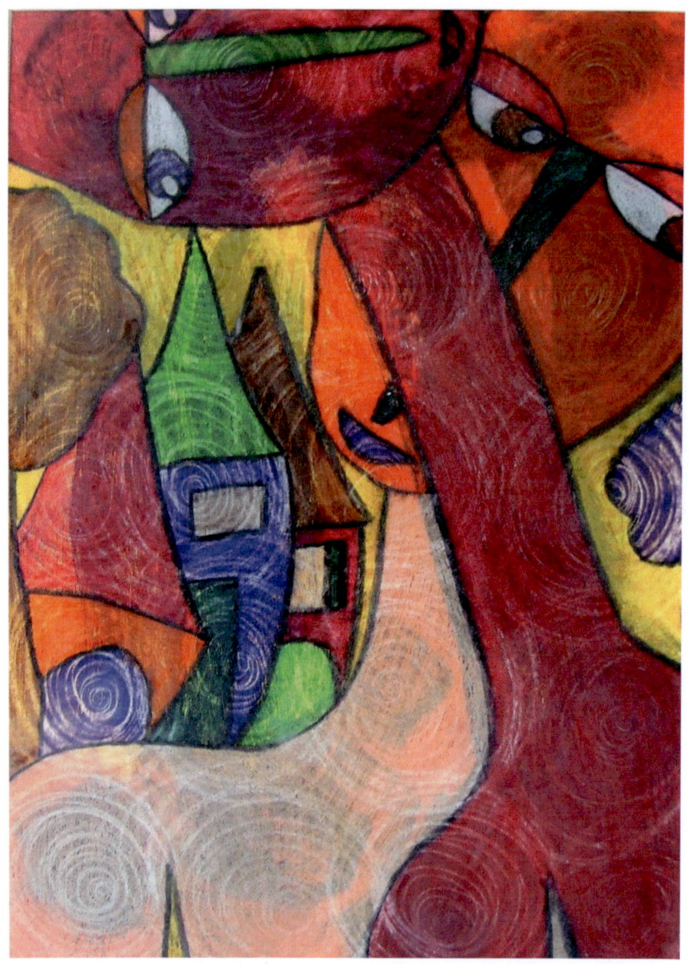

ohne Titel, 2003
Mischtechnik auf Papier, 30x23 cm

FRIEIDRICH SCHRÖDER-SONNENSTERN

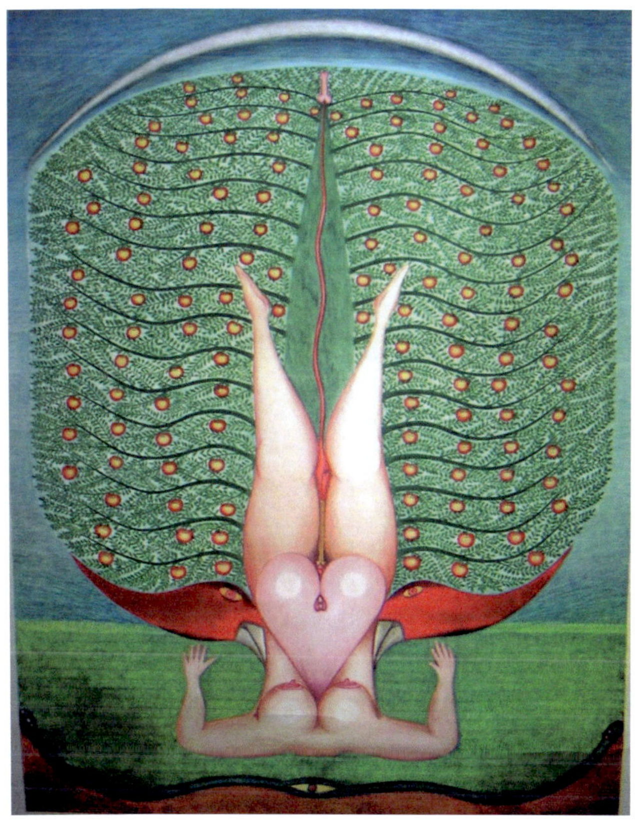

Die moralische Praxis, 1972
Lichtdruck, 77x60 cm

HENRY SPELLER

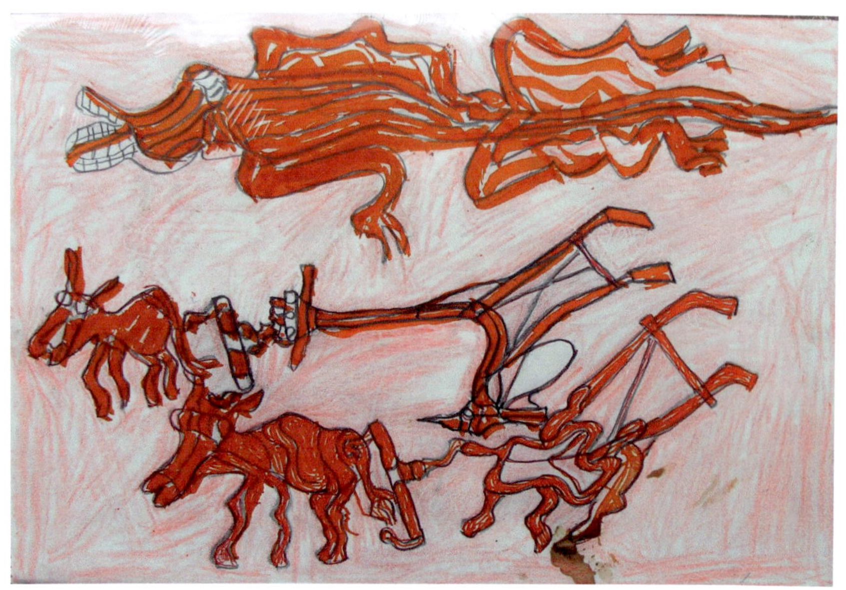

Fantasy Animals, undatiert
Buntstifte auf Karton, in Folie, 30x40 cm

ROBERT TATIN

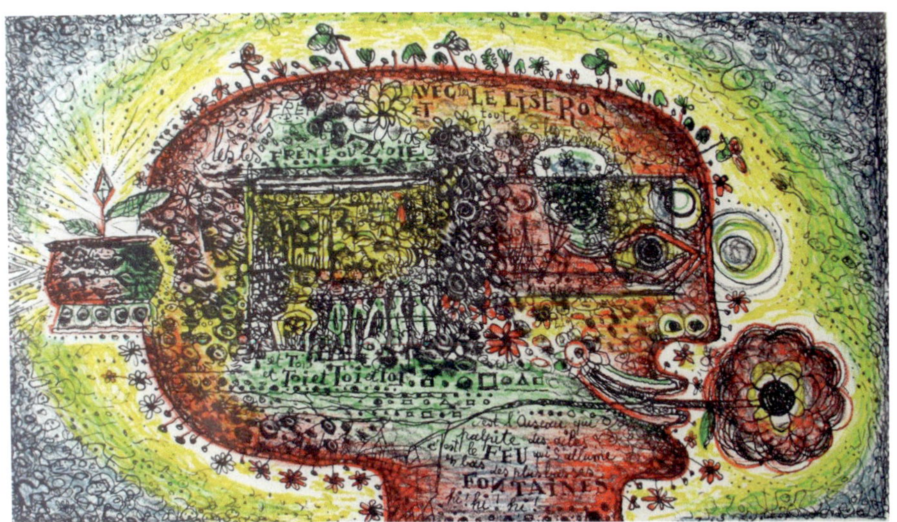

ohne Titel, undatiert
Lithografie, 31x47cm

KHRYSSI THEODORIDIS

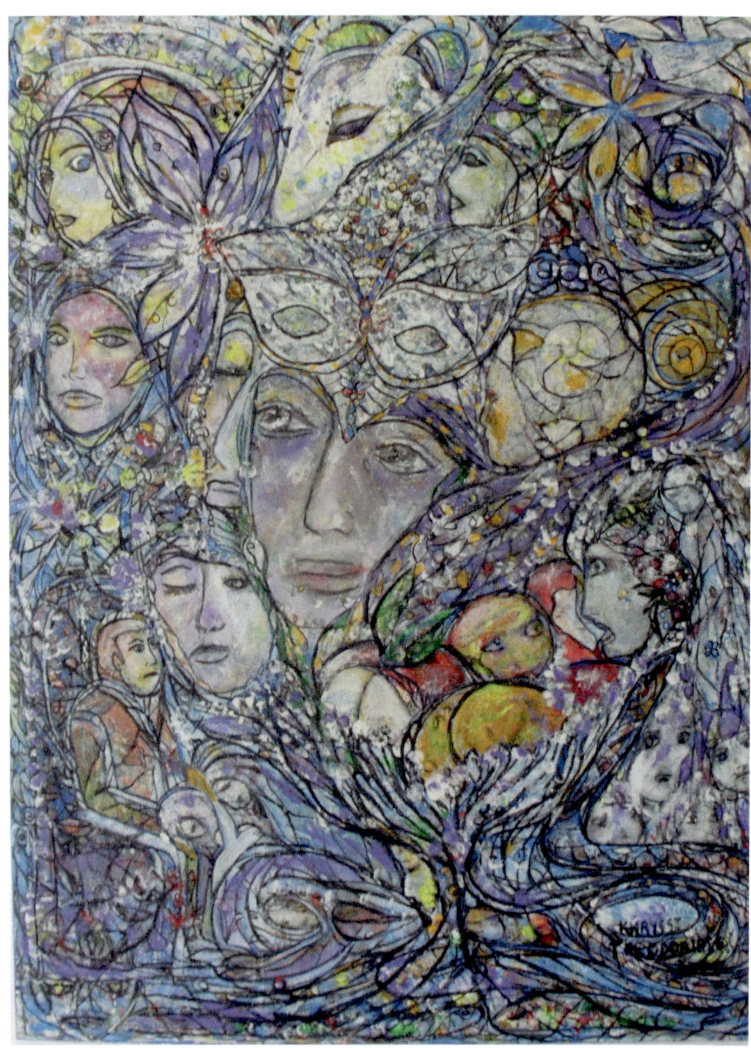

The Mask, 2003
Acryl auf Malkarton

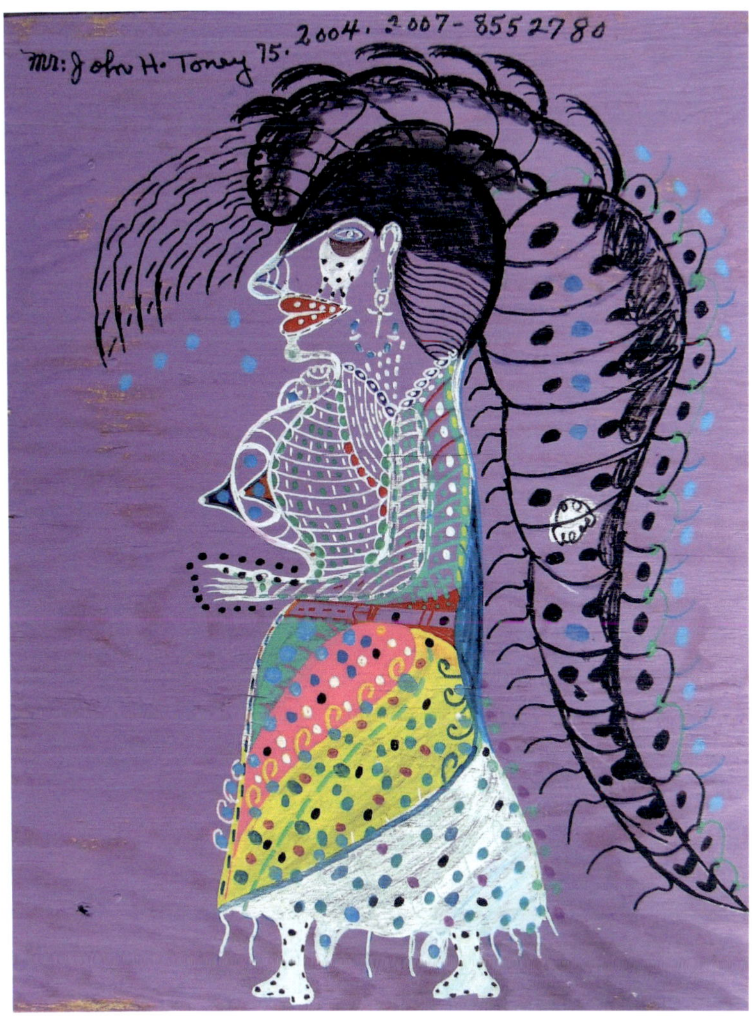

Rainbow Dress, 2003
Marker auf Sperrholz, 58,5x46,5

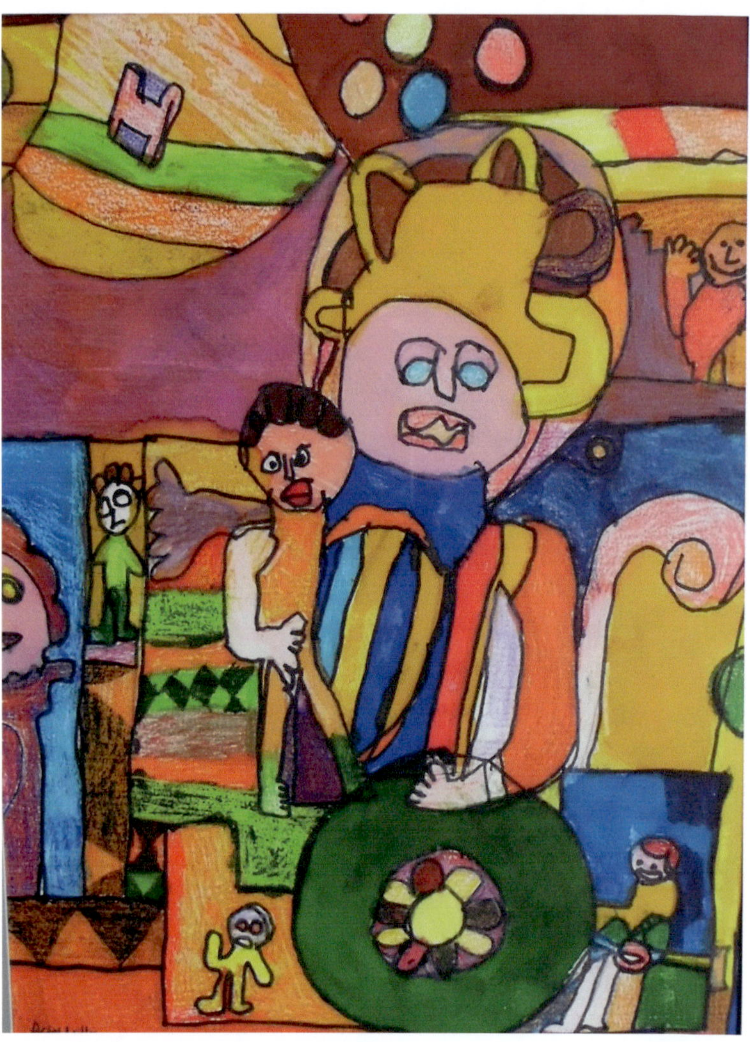

Maria mit Kind, undatiert
Buntstifte auf Papier, 41x31 cm

PEPE VIGNES

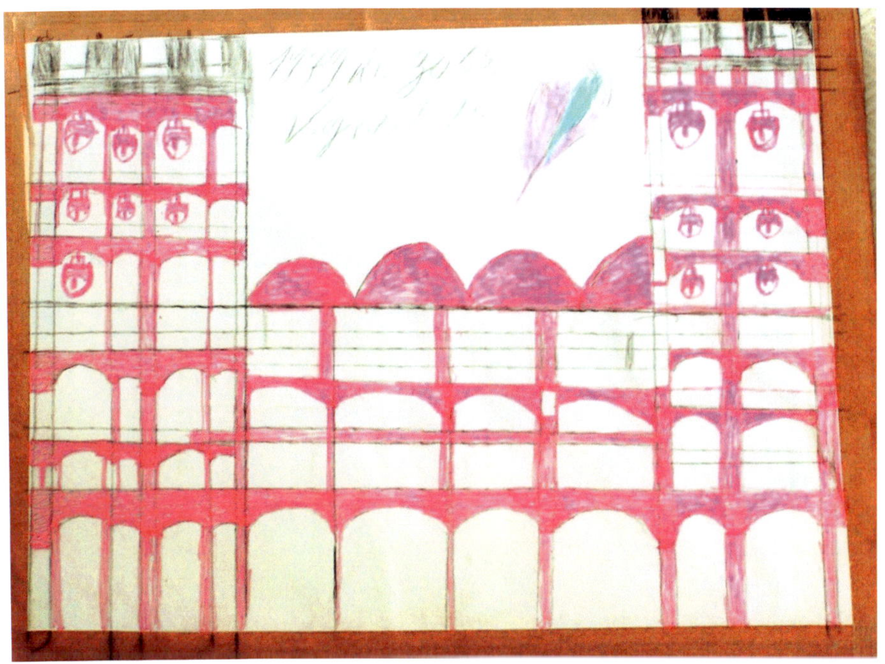

ohne Titel, 1979
Farbkreide auf Papier mit Wellpappe hinterlegt
29,5x27 cm

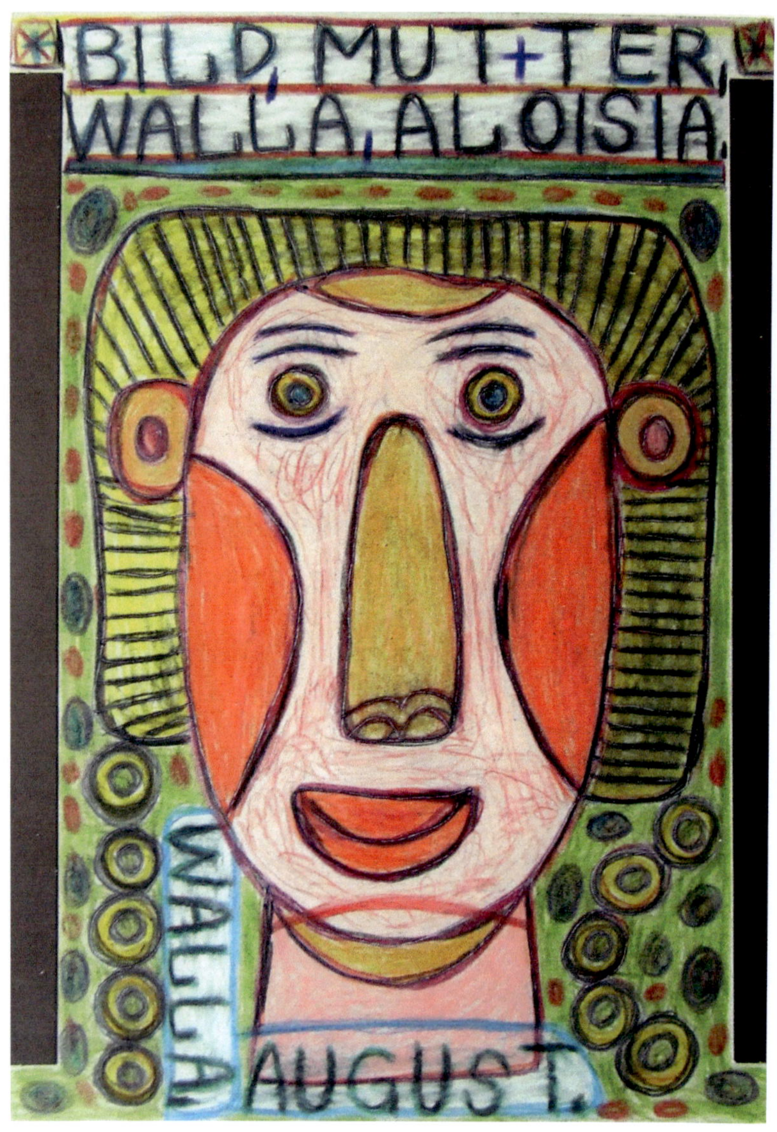

Mutter Aloisia, undatiert
Buntstifte auf Zeichenkarton, 26x18,5 c

IRENE WEISMANTEL

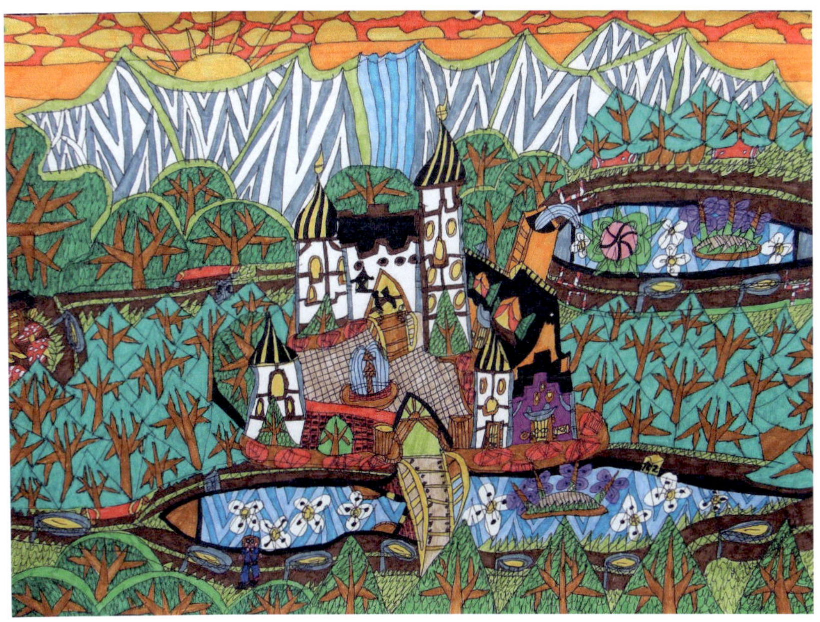

Schwanenschloss im Allgäu, 2005
Filzstifte auf Papier, 42x56 cm

CARTER WELLBORN

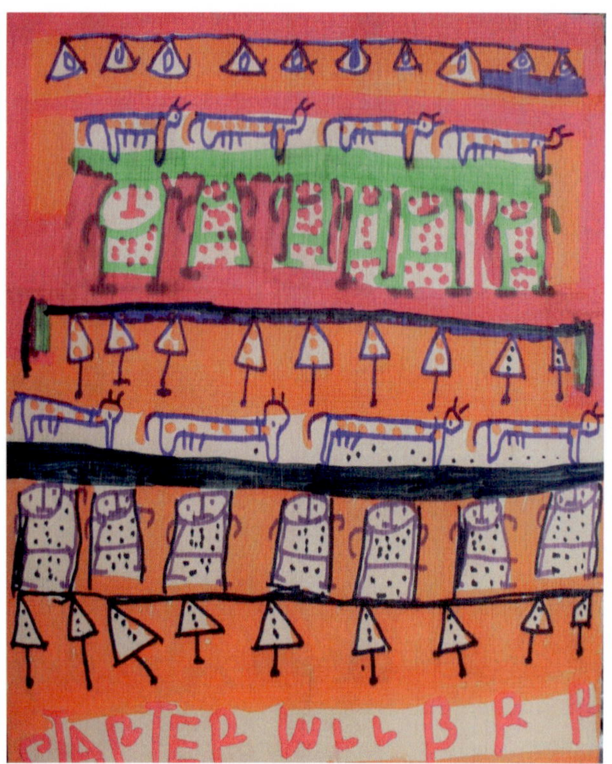

ohne Titel, undatiert
Marker auf Holz, 36x28 cm

BOBBY WILLIFORD

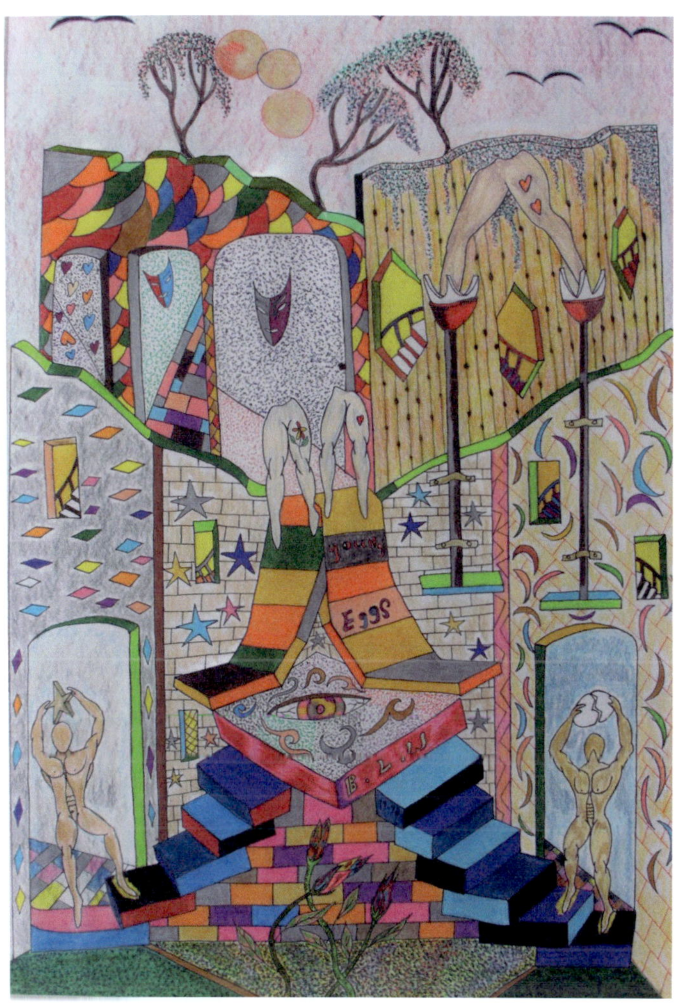

Young Eggs, 1996
Buntstifte auf Papier, 45x30 cm

HILDEGARD WOHLGEMUTH

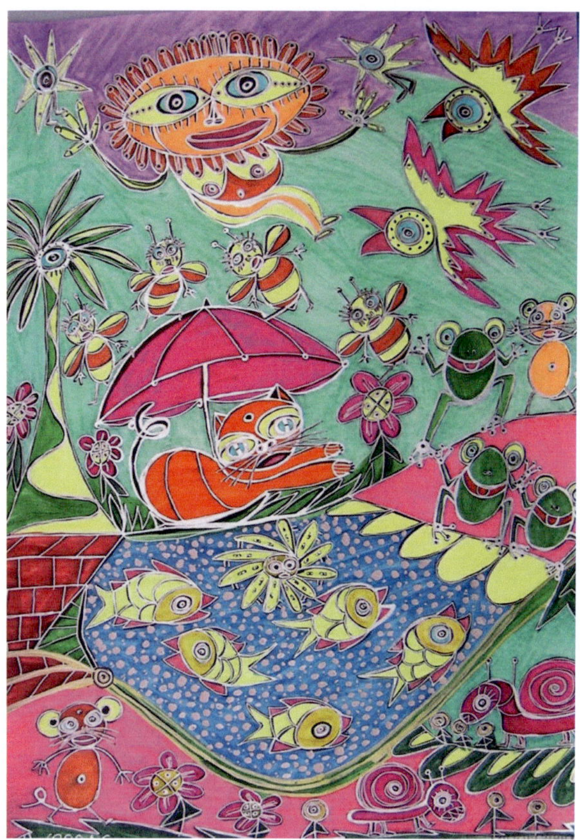

ohne Titel 2002
Marker auf Malkarton, 69x49,5 cm

ANHANG

Aufgrund der, teils unbekannten Lebensumstände der einzelnen Künstler/innen, sowie Rücksichtnahme auf deren Persönlichkeitsrechte, sind nicht alle Biografien aufgeführt oder gegebenenfalls unvollständig.

KÜNSTLERBIOGRAFIEN

ALPHA ANDREWS (*1932)

Sie wurde in Habersham County Georgia (USA) geboren, wuchs in einer Großfamilie auf. Schon als Kind arbeitete sie auf Baumwollfeldern, um zum Lebensunterhalt der Familie beizutragen, heiratete früh, wurde Mutter von fünf Kindern und Witwe als ihr ältester Sohn sechzehn Jahre alt war. Um sich und ihre Kinder zu ernähren arbeitete sie als Buchhalterin, Pflegehelferin, eröffnete einen Friseursalon, später betrieb sie ein Geschäft auf dem Flohmarkt. Nach Jahren freiwilliger Arbeit wurde sie schließlich Laienpriesterin. 1983 begann sie zu malen, bald darauf gab sie die künstlerische Tätigkeit wegen ihrer Familie auf. Nach einem schweren Autounfall widmete sie sich 1990 erneut der Malerei. Ihre Bilder entstehen im Spannungsfeld von ihren tragischen Lebenserfahrungen und Visionen. Sie sind bunt, dekorativ, fast ornamental und sehr detailreich.

BÉATRICE BABARIT (*1959)

Geboren in Cholet /Frankreich, wurde die Künstlerin mit geistiger Behinderung nach dem Tod ihrer Mutter in 1982 in einer Kunstwerkstatt aufgenommen und wird von einer ihrer Schwestern betreut. In ihren mit Rohrfedern und Chinatusche angefertigten, strickmusterartig strukturierten Zeichnungen bildet die Familie das zentrale Thema. Für ihr künstlerisches Schaffen wurde ihr von ihrer Heimatstadt Cholet ein Preis zuerkannt.

UWE BENDER (*1943)

Geb. in Wesermünde, zog er als Fünfjähriger in die Altersdorfer Anstalten. Wegen der Arbeitsverweigerung wurde er von der Werkstatt ausgeschlossen. 1984 schloss er sich den Schlumpern in Hamburg an, um Berufskünstler zu werden. Seither schuf er über 5000 meist großforma-

tige Bilder in Öl oder Acryl auf Leinwand, Pastell-und Wachskreide-
zeichnungen auf Karton, die meist ein Jahr vordatiert sind. Er ist einer
der bekanntesten Schlumper und die selbsternannte „Nummer eins" bei
den Malern von Schlump in Kapitänsuniform. Seine Hauptmotive sind
Fantasielandschaften, androgyne Gestalten (Memos und Mapos) in kräf-
tigen, eindringlichen Farben. Er hat in zahlreichen Gruppenausstellungen im In- und Ausland teilgenommen. Seine Bilder befinden sich in
vielen privaten und öffentlichen Sammlungen. Er lebt heute in einer
Wohngruppe der ESA Hamburg.

CANDYCE BROKAW (*1953)

Die in New York City geborene Autodidaktin begann in 1993 nach einem Nervenzusammenbruch zu malen, um sich von dem Trauma des
sexuellen Missbrauchs und der Vergewaltigung während ihrer Kindheit,
zu befreien. Sie sagte: „ Die Kunst hat mir erlaubt, viele, ansonsten ne-
gative Gefühle zu reinigen und sie in positive heilende Erfahrungen
umzuwandeln".
Nach einer Periode bunter, chaotisch wirkender Bilder mit fantastischen
Figuren, malt sie vorwiegend in den Farben Schwarz- Weiß. Heute ent-
wirft sie auch Designs für die Wandmalereien an mehreren Hochhäu-
sern und für ein Keramikpark-Projekt. Sie ist Gründerin und Direktorin
der Survivor Art Foundation.

JEAN DELDEVEZ (1909-1983)

Geboren in Paris, machte er schon als Kind seine ersten Zeichnungen.
Alsbald lernte er Spitzen-Zeichnungen. 1927 bekam er den ersten Preis
des Concours Lépine für seine Zeichnungen. Nach dem Militärdienst
malte er Bilder die er wegen der finanziellen Not in den Nachtclubs an
der Küste verkaufte. In Cagnes sur Mer traf er Picasso, mit dem er Por-
traits austauschte. Er korrespondierte auch mit Dubuffet, der seine Bilder in seine Art-Brut-Sammlung aufnahm.
Er hat tausende Bilder gemalt, in mehreren Ausstellungen teilgenommen und verstarb im Juni 1983.

ULLA DIEDRICHSEN (*1947)

Sie lebt in ihrer Heimatstadt Hamburg in einer Wohngruppe. Dort ist sie auch als Hauswirtschaftlerin tätig. Seit 1993 gehört sie zu den Schlumpern und ist seit 1998 „Schlumperin von Beruf".

TED (THEODORE) GORDON (* 1924)

Der in Louisville, Kentucky (USA) geborene, zeichnet schon seit seinem 26. Lebensjahr. Doch erst die Zeichnungen, die er „doodle faces" titulierte, ließen ihn bekannt werden. Sie entstanden ab 1967 nach seiner Pensionierung als Verwaltungsangestellter. Die mit wirbelnden, sich kreuzenden Linien und Spiralen ausgefüllten, spannungsgeladenen Gesichtszeichnungen betrachtet er als Selbstportraits und meint dazu: „Diese doodles sind meine Art mich auszudrücken, Ich spiele Hunderte von Rollen, aber trotzdem mich." Er sagt, dass seine Zeichnungen von selbst, unwillkürlich entstehen.
Ted Gordon ist ein von seiner Arbeit besessener, extrem produktiver Künstler, der mit Marker und Tusche auf hartem Karton, meist in Schwarz und Weiß, manchmal auch bunt zeichnet. Für sein künstlerisches Schaffen wurde er 2000 mit dem „Award of Distinction for a Folk Artist" geehrt. Nach dem Tod seiner Frau und seiner geliebten Katze, wohnt er jetzt allein in Laguna Hills, in Süd Kalifornien

MARTHA GRUNENWALDT (*1910)

Als Martha Grunenwaldt im Alter von 71 Jahren zu zeichnen begann, hatte sie weder eine entsprechende Ausbildung noch Vorkenntnisse, aber ein bewegtes Leben hinter sich. Geboren wurde sie in Brabant (Belgien). Ein regelmäßiger Schulbesuch war nicht möglich, da sie ständig mit ihrem Vater als Straßenmusikantin unterwegs war. Mit 23 Jahren heiratete sie einen Musiker, von dem sie die Tochter Josine bekam, nach der Trennung von ihrem Mann 1937 arbeitete sie als Dienstmagd auf einem Gutshof. 1968 wurde sie dann von ihrer Tochter aufgenommen. Im Jahr 1982 begann sie zu zeichnen und zu malen, in dem sie jede Sorte Papier und Buntstifte ihrer Enkel benutzte. So entstand bis heute eine Vielzahl von surrealistisch anmutenden, farbenprächtigen Kompositionen mit floral- ornamentalen, fließenden Mustern. In den Bildmotiven dominieren vor allem zarte Frauengesichter mit Kussmündern. Seit 2003 war sie bettlägerig und zeichnete sie nicht mehr. Sie verstarb im März 2008.

VIOLA HEIDELBERG (1957-2005)

Viola Heidelberg war seit 1993 Mitglied im Kunstatelier Lebenshilfe Braunschweig.
Neben ihren großformatigen Acrylbildern zeichnete sie auch gerne Tiere und Gegenstände, sowie Architekturen mit graphischer Reduktion aber differenziert, in dem sie die Figuren mit Blei- und Buntstift in Variationen auf das Papier brachte. So entstanden harmonische Kompositionen aus Kamel -und Zebraherden, wobei jedes Tier seinen eigenen Charakter zu haben scheint. Sie verstarb Anfang 2005.

ALEXANDRA HUBER (*1955)

In Landau / Pfalz (Deutschland) geboren, studierte sie Pädagogik, Psychologie und Soziologie.1979 Heirat, 1982 Geburt der Tochter. Erste Bilder entstanden 1988 aus Langeweile. Zuerst Stilleben, Landschaften, später auch figürliche Elemente. Seit 1992 wurde das Malen zur Leidenschaft: Sie malte nachts in ihrem Keller und entwickelte ihren eigenwilligen, unverwechselbaren Malduktus.1994 entdeckte sie das Papierformat 15x15 cm, die sog „Mini- Huber-Bilder" in dicken Blöcken (Skizzenbücher).
A.H. ist Autodidaktin. Ihre Bilder bestehen meist aus Figuren bzw. Figurengruppen. Sie geben Alltagseindrücke und Stimmungen mit einer kindlich anmutenden Linienführung und vereinfachten Konturen wieder. Sie sind meistens mit witzigen Aphorismen und Sprachspielen kombiniert. Sie lebt und arbeitet seit 1992 in München.

ROSEMARIE KOCZY (1939-2007)

Geboren in Recklinghausen (Deutschland), als Kind ungarischer Eltern, war sie drei Jahre alt als sie ins Konzentrationslager deportiert wurde.

Nach Kriegsende verbrachte sie weitere sechs Jahre in einem Weisenhaus. Auf Anraten ihres Großvaters immigrierte sie mit 20 Jahren in die Schweiz und arbeitete als Hauswirtschaftlerin. 1965 absolvierte sie ein Kunststudium an der Kunsthochschule Genf. Am Anfang ihres Schaffens konzentrierte sie sich auf Weben von Gobelins (insgesamt 70). 1975 begann sie zu zeichnen und zu malen. Zehn Jahre später wurden ihre Werke in der Collection de l`art brut in Lausanne ausgestellt. Ihre mit chinesischer Tusche ausgeführten Zeichnungen in Schwarz und Weiß zeugen von traumatischen Erinnerungen aus Ihrer Kindheit und wirken düster. Im Zentrum ihres Schaffens steht der gefangene, geschundene, erniedrigte Mensch verängstigt vor Schrecken und Schmerz, ausgemergelt, in bedrückender, verdrehter Körperhaltung. Die beklemmende Unmittelbarkeit ihrer Bilder berührt den Betrachter zutiefst. Sie siedelte 1984 in die USA über und lebte zuletzt mit ihrem zweiten Ehemann in der Nähe von New York. Sie verstarb im Dezember 2007.

GÜNTER NEUPEL (*1958)

Der gebürtige Münchner begann 1982 während eines Aufenthaltes im Max- Planck Institut für Psychiatrie zu malen. Anfangs malte der Autodidakt Nass - in Nass -Technik, später mit Aquarell, Plaka und Tusche. Seine geheimnisvoll-magischen Bildwelten enthalten archetypische Figuren mit kryptischer Symbolik.

PAULA PIPA (*1967)

Die Autodidaktin lebt in ihrer Heimatstadt Wuppertal (Deutschland). Schon als Kind machte sie ihre ersten Zeichnungen und Collagen. Aber erst in den neunziger Jahren begann sie ernsthaft künstlerisch zu arbeiten und entwickelte ohne Vorbilder ihren eigenen Malduktus. Sie arbeitet vorrangig mit kräftig leuchtenden, flüssigen Seidenfarben und Pastellkreiden auf Papier. In ihren surreal anmutenden Welten enthüllen sich artifizielle Figuren, Mischwesen, groteske Gestalten und bizarre Erscheinungen. Ihre Figuren, die sie mit einer phantasmagorischen Erfindungskraft und in schelmischer Absicht in Szene setzt, mutieren zu Mitmenschen. Ihre Bilder sind zumeist mit Wortneuschöpfungen betitelt, die ihnen eine besondere poetische Expressivität verleiht. Paula Pipa schreibt nebenbei Märchen, Gedichte und Kurzgeschichten.

ODY (ODETTE) SABAN (*1953)

Geboren wurde sie in Istanbul (Türkei) als Kind einer jüdischen Familie. Als sie fünf Jahre alt war, ließen sich die Eltern scheiden. Zwei Jahre später heiratete die Mutter einen Moslem und Restaurator, der sie künstlerisch prägte. Später ging sie nach Israel, arbeitete in einem Kibbuz und begann sich künstlerisch zu betätigen. Zeitgleich studierte Ody in Haifa Kunsterziehung. 1977 ließ sie sich in Paris nieder und veranstalte Kunstkurse für Kinder. Ein schwerer Autounfall 1978 versetzte sie in ein seelisches Trauma, welches sie künstlerisch erfolgreich umsetzte. Im Jahr 1986 eröffnete sie in Paris das alternative Kunstzentrum „Art cloche II“. Ihre multikulturelle Erfahrung spiegelt sich in ihren Werken wieder. Sie sagt von sich: „Ich bin ein Schamane, ein Seher, in ständiger Metamorphose.“ Sie schuf ihren eigenen Bilderkosmos mit surrealistischem Manier, in dem Meereswelten und Erotik in expressiven Farben, auch in Schwarz – Weiß, dominierende Themen darstellen. Mit ihren eigenen Worten, versucht sie „die verliebte Erotik“ auszudrücken Viele ihrer Bilder sind mit eng umschlungen kopulierenden phantastischen Figuren bevölkert. Sie lebt und arbeitet in Paris.

JEAN - JOSEPH SANFOURCHE (1929-2010)

Nachdem er in Bordeaux (Frankreich) geboren wurde, lebt er in Paris. Während des zweiten Weltkrieges wurde er zusammen mit seinem Vater, der später hingerichtet wurde, von der Gestapo verhaftet. Nach 20 Jahren Arbeit in der Industrie wurde er Beamter. Wegen einer schweren Krankheit gab er die berufliche Tätigkeit auf und widmete sich fortan der Malerei. Von 1971 bis 1985 korrespondierte er sehr fleißig mit Jean Dubuffet. Er verstarb im März 2010.

ELKE SCHEIGE (*1962)

Geboren in Düsseldorf, beschäftigte sie sich seit ihrem 18. Lebensjahr mit Zeichnen, Collagen und Fotografie in Verbindung mit Malerei.

Nach kurzem Kunststudium und Aufenthalte in Nordafrika und Israel, lebt und arbeitet sie in Düsseldorf. Ihre expressiven Bilder, die aus Alltagssituationen und Zufallsmomenten heraus entstehen, sind farbenintensiv und heiter.

FRIEDRICH SCHRÖDER-SONNENSTERN (1892-1982)

Geboren in Kauhkemen Tilsit/Ostpreussen Schon in der Schule als aufmüpfig und unangepasst eingestuft. 1906 Einweisung in eine Erziehungsanstalt wegen Diebstahl, Gewalttätigkeit und Landstreicherei. Zwischen 1912 und 1919 mehrfache Aufenthalte in psychiatrischen Anstalten wegen Geisteskrankheit (Schizophrenie), mit Entmündigung. Flucht nach Berlin und Gründung einer Sekte für Astrologie und magnetopathische Heilkunst. Er versorgte hungernde Kinder in Berlin als „Schrippenfürst von Schöneberg" mit Brötchen, gab sich als Geheimrat Prof. Dr. phil. Eliot Gnass von Sonnenstern aus. 1933 erfolgte die Verhaftung wegen Wahrsagerei und Einweisung in die Psychiatrische Anstalt in Holstein. Dort entstanden seine ersten Zeichnungen. Sein künstlerisches Schaffen begann erst im Jahr 1949. Es entstanden phantastische Zeichnungen mit provozierenden, sexuellen Motiven, Fabelwesen, skurrilsarkastischen Inhalten, oft mit handgeschriebenen moralisierenden Texten. Seine Werke wurden wiederholt wegen Obszönität beschlagnahmt. Seit 1959 zahlreiche Einzel- und Gruppenausstellungen. Seit 1964 lebte er erneut bis zu seinem Tod 1982 wegen Alkoholismus und Verwahrlosung in einer Anstalt.

GÉRARD SENDREY (*1928)

Geb. in Bègles bei Bordeaux (Frankreich), arbeitete er bis zu seiner Pensionierung im Jahre 1988 als Verwaltungsbeamter. Seit seinem vierzigsten Lebensjahr widmete er sich spontan, ohne künstlerische Ausbildung der Malerei, die er in völliger Isolation, wie er sagte in „kreativer Einsamkeit" intensiv betrieb. Nach 10 jähriger, fleißiger Arbeit konzentrierte er sich ganz auf die Zeichenkunst. In seinem Schaffen ist er flexibel, verwendet verschiedene Medien (*bedient sich vieler Techniken*) und experimentiert gerne. Seine meisterhaft angefertigten, figurativen Zeichnungen mit vereinfachten Konturen, sei es in Schwarz-Weiß, sei es in dynami-

schen Farben sind Spannung geladen und zeugen von einer eigenständigen Formensprache. Zudem ist er auch ein sensibler Dichter.
Seine erste Ausstellung fand in 1979 in Bordeaux statt. 1980 wurde er in die Neuve Invention der Collection de l`art brut in Lausanne aufgenommen.1989 gründete er „Cite de la Franche" in Bègles für Outsiderkunst.

PIERRE SILVIN (* 1959)

Schon in früher Jugend beschäftigte sich der in Talence (Frankreich) geborene, mit Zeichnen, ermutigt und unterstützt durch seinen Vater Gerard Sendrey, den anerkannten Outsider- Künstler. Ernsthaft künstlerisch zu arbeiten begann er erst mit 35 Jahren.
Seine Bilder sind Zeugnisse einer reichen Palette von stimmungsvollen, lebendigen Farben und Formen, wobei die Menschen und Tiere Hauptmotive ausmachen Er benutzt für ein einziges Bild mehrere Medien, meist Farb -und Bleistifte sowie Gouache. Er lebt heute bei Gironde.

HENRY SPELLER (1900-1997)

Henry Speller wurde in der Siedlung Panther Bum im Delta Land der zentralen Mississippi geboren und wuchs bei der Großmutter mütterlicherseits auf. Im Alter von 12 Jahren verließ er die Schule, um seine Großmutter zu unterstützen, arbeitete in Bauernhöfen,. Er begann während der Mittagspausen zu zeichnen. Mittagspausen nutzte er zu Zeichnen. 1939 verließ er Mississippi und ging nach Memphis. Dort verdingte er sich mit Gelegenheitsjobs als Müllmann, Hausmeister und Landschaftsgärtner.
Nach seiner Pensionierung in den sechziger Jahren lebte der Künstler in einem Wohnprojekt und widmete sich ganz seiner Kunst. Entdeckt wurde er erst in den frühen 1980 er Jahren.
Für seine Bilder verwendet er Szenen aus Alltagsleben: Menschen, Tiere, Häuser, Autos, Flussschiffe. Er ist bekannt für seine Darstellungen von langbeinigen männlichen und weiblichen Figuren, manchmal mit freiliegenden Brüsten und Genitalien, die nicht jeden ansprechen. Er zeichnet zunächst die Konturen seiner Figuren mit einem Bleistift und füllt sie

dann mit Kreide und Buntstiften aus. Speller, der auch ein ausgezeichneter Blues-Musiker und Gitarrist war, lebte bis zu seinem Tod im Jahr 1997 in Memphis, Tennessee. Viele seiner Bilder sind durch mehrfache Umzüge verloren gegangen.

ROBERT TATIN (1902-1983

Geb.in Laval (Frankreich) begann er mit 11 Jahren, nach Abgang aus der Grundschule, eine Lehre als Maler und Anstreicher .Danach ging er nach Paris und arbeitete als Dekorateur. Nach seinem Wehrdienst während des zweiten Weltkriegs zog es ihn wieder nach Paris .Er unternahm Reisen nach Belgien, Holland, Italien, Spanien, England, USA und Afrika. Im Jahre 1950 verließ er Frankreich und hielt sich fünf Jahre in Südamerika auf .In Sao Paulo/Brasilien begann Tatin Terrakotta-Skulpturen anzufertigen, für die er den ersten Preis der Biennale von Sao Paulo erhielt. Nach seiner Rückkehr in 1955 ließ er sich in Vence nieder.1962 erwarb er eine Ruine in Cosse-la-Vivien, begann schon bald mit Restauration und schuf er in den darauf folgenden 12 Jahren ein monumentales Werk (La Frenouse) aus Eisen und Zement mit eindrucksvollen, grotesk mutierten, magisch-mytischen Skulpturen, phantastischen Gebilden (Tempel, Totems, Göttinnen und Drachen) sowie Malerei, Zeichnungen und Keramiken. Der großartige Schauplatz, der sich heute „Robert Tatin Museum,, benennt, ist ein lebendiges Denkmal eines bemerkenswert innovativen Künstlers. In seiner Symbolhaftigkeit steht seine Schöpfung als eine Brücke zwischen Orient und Okzident.
Robert Tatin war ein vielseitiger, intuitiver und visionärer Künstler: Maler, Zeichner, Bildhauer, Architekt, Dekorateur und Dichter. Seine Kunst ist sehr von fernöstlichen und alten Weltkulturen sowie vom Surrealismus beeinflusst

JOHN HENRY TONEY (*1928)

Nach der Geburt aufgewachsen in Russel County, Alabama (USA), verließ er die Schule in der siebten Klasse, um auf Baumwollfeldern zu arbeiten. Toney, ein zutiefst religiöser Mann, lebt heute alleine am Rande eines Sumpfgebietes, in einem Haustrailer ohne fließendes Wasser. Bereits als junger Mann interessierte sich fürs Zeichnen. Als er einmal seinen Boss zeichnete, wurde er gefeuert und hörte damit auf. Motiviert durch eine Vision während der Feldarbeit begann er 1994 wieder zu zeichnen. Er malt auf Papier und Karton, als Farbe benutzt er vorwiegend Marker. Am liebsten zeichnet Toney fantastische hochgewachsene Frauengestalten (Fancy Women) mit übergroßen Busen und üppigen langen Haaren, kleine Männer und Tiere. Alle seine Bilder signiert er mit seinem Namen, Alter, Telefonnummer (das Telefon funktioniert nicht!) und dem Verfallsdatum seines Führerscheins.

PÉPÉ (JOSEPH) VIGNES (1920- 1995)

Als zweites von fünf Kindern geboren in Paris (Frankreich), wuchs er in einem kleinen Dorf in den Pyrenäen auf. Er verdiente seinen Lebensunterhalt als Handwerker (Böttcher), Sänger und Akkordeonspieler in öffentlichen Veranstaltungen. In den sechziger Jahren entstanden die ersten Zeichnungen. Allein von 1970 bis 1980 fertigte der stark an Kurzsichtigkeit leidender Vignes über 3000 Zeichnungen an. Die mit Farb- und Filzstiften auf braunem Packpapier oder Karton gezeichneten Bilder mit gedämpften Farben wirken eher schlicht und naiv. Seine immer wiederkehrenden Motive sind Fische, Blumen, Autos, Züge, Busse und Häuser. An den Rand seiner Zeichnungen fügte er jedes Mal eine kleine Herzfigur als Symbol der Liebe hinzu. Auch seine Signatur gehört unmittelbar zum Bildinhalt.

AUGUST WALLA (1936-2001)

Er wurde geboren in Klosterneuburg (Österreich), wuchs auf bei seiner Mutter Aloisia und seiner Großmutter, besuchte die Sonderschule und hat nie einen Beruf ausgeübt. Seit seinem sechszehnten Lebensjahr war er mehrmals in dem psychiatrischen Landeskrankenhaus Gugging (heute Haus der Künstler) und lebte seit 1983 bis zu seinem Tod ununterbrochen dort .Seiner Mutter wurde erlaubt bei ihm im Haus der Künstler zu wohnen bis sie starb.
A.W. war seit seiner Jugend künstlerisch tätig. Mit neun Jahren füllte er die Seiten seiner Hefte mit Kritzeleien aus. Seine außergewöhnliche Kreativität kannte keine Grenzen: Er malte, zeichnete, fotografierte, bastelte, schrieb mit der Hand, und der Schreibmaschine Texte, sam-

80

melte Wörterbücher, erfand geheime Sprachen, schrieb auch Noten. Er entwickelte eine große Formenvielfalt, bemalte und beschriftete seine gesamte Umgebung (die Wände seines Zimmers, Möbel. Bäume, Straßen) Im Laufe der Zeit entwickelte er eine persönliche Mythologie, eine mystisch-magische Welt mit Göttern, Dämonen, Schriftzeichen, Symbolen und seltsamen Wörtern.
Er zählte neben Johann Hauser und Oswald Tschirtner zu den bekanntesten Gugginger Künstlern, verstarb im Juli 2001.

IRENE WEISSMANTEL (*1965)

Geb. in Köln (Deutschland), beschäftigte sie sich mit dem Zeichnen, auch wenn ihre Blätter meist in den Papierkorb landeten. Künstlerisch tätig wurde sie wieder erst seit 1995. Sie lebt in einer Wohngruppe auf dem Gelände der Stiftung Hephata in Mönchengladbach und gehörte sie zu dem Kunstatelier Querformat 95. Sie malt und zeichnet vorzugsweise nachts mit Rockmusik am Ohr. In den mehrheitlich großformatigen, naiv anmutenden und leuchtend bunten Bildern verarbeitet die begabte Koloristin, ihre Alltagserlebnisse. In fantastischer höchst eigenwilliger Manier, setzt sie ihre Figuren und profane Gegenstände mit Liebe zum Detail, raffiniert in Szene. Sie arbeitet vorrangig mit Filzstiften auf Papier. Ihre Bilder zeugen von dem Einfallsreichtum, und der gefühlsvollen, raffinierten Farbgebung.

CARTER LEE WELLBORN (*1928)

Der geistig behinderte Künstler lebt bei seiner Schwägerin Annie Wellborn, einer berühmten Folkart Künstlerin in Bishop, Georgia. In seiner Jugend arbeitete er in einer Farm. Als er später zu zeichnen begann, kreierte er stereotyp, Zeichnungen von Kühen, Hunden und Hühner in Seitenansicht, die neben- und untereinander platziert wurden. Später kamen neue Elemente hinzu (Menschen mit Uhrengesichtern und Gebäuden). Sie erinnern durch die einfache Formgebung und die reduzierte Gestaltungsweise an Schulzeichnungen von kindlicher Faszination. Für seine Arbeiten auf verschiedenen Papiersorten und

Holz, verwendet er Tinte und vor allem Marker. Seine Werke befinden sich in einigen Privatsammlungen

HILDEGARD WOHLGEMUTH (1933-2003)

In Ostpreußen in Pilkalen als Tochter eines Försters geboren, war ihr die Mutter unbekannt. Eine Schule hat sie nie besucht. Mit 8 Jahren wurde sie in ein Kinderheim bei Leipzig geschickt. In 1943 wurde das Heim das Ziel eines Bombenangriffes, bei dem 26 Heimkinder getötet wurden, sie überlebte. Danach fing sie an Stimmen zu hören, Stimmen von Kindern. Dieses Unglück verfolgte sie lebenslang, sie konnte den Tod ihrer Freunde nie vergessen. Nach dem Krieg wurde sie in eine Klinik eingewiesen. Nach Entlassung aus der Klinik verbrachte sie die meiste Zeit draußen auf Hamburgs Straßen und Plätzen, schenkte oder verkaufte ihre Bilder. Sie war bekannt als „Bettelkönigin". Immer wieder fuhr sie per Anhalter nach Paris, ihrer Lieblingsstadt, befreundete sich mit Clochards.
Zu malen begann sie ziemlich spät durch die Zufallsbekanntschaft mit einer Malerin, die Ihr Talent entdeckte.
Anfangs malte sie dunkle Bilder, später wurden sie farbenfroh und stimmungsvoll. In den mit einer entwaffnenden Einfachheit, in hellen, leuchtenden Farben und scharfen, klaren Linien gemalten Bildern erzählte sie meist Geschichten für Kinder.

ANMERKUNGEN

1- Die Bemühungen um die Definitionen entluden sich in Begriffsfantasien, wie Art Brut, Art Extraordinary, Art Singulier, Grass-Roots, Kunst außerhalb der Normen, Marginal Art, Neoprimitive Kunst, Neurodivers, Nonacademic Art, Nontrained Art, Outsider Art, Raw Art, Selftaught Art, Visionary Art, und zustandsgebundene Kunst.

2- Lombroso, C. (1887) *Genie und Irrsinn*. Leipzig, Reclam

3- Mohr, F. (1906) J. Psych. und Neurol. 8, S. 99-140

4- Réja, M. (1907) *L`Art chez les Fous*. Paris, Sociètè du Mercure de France

5- Morgenthaler, H. (1921) *Ein Geisteskranker als Künstler, Adolf Wölfli*. Leipzig. Bircher

6- Prinzhorn, H. (1922) *Die Bildnerei der Geisteskranken: Ein Beitrag zur Psychologie und Psychopathologie der Gestaltung*, Berlin, Heidelberg, New York. Springer

7 Tagebücher Köln, (1975), S.276

8- Aus meiner Werkstatt, München (1973), S.14

9 Besonders hervorgetan haben sich die Psychiater Robert Volmat in Frankreich, Leo Navratil in Österreich, Alfred Bader in der Schweiz, Helmut Rennert in Deutschland und Johannes Herbert Plokker in Holland, durch intensive Studien im Hinblick auf die diagnostische Verwertbarkeit der Werke von Psychiatrieinsassen.

10- Volmat, R. (1956) *L`art psychopathologique*, Paris, PUF

11- Navratil, L. (1999) *Art Brut und Psychiatrie, Gugging 1946 1986*, Wien, Christian Brandstätter, S.196

12- Rennert, H. (1962) *Die Merkmale schizophrener Bildnerei*, Jena. Fischer

13- Bader, A. (1990) *An der Seite von Außenseitern- Rückblick eines Psychopathologen. In: Von einer Wellt zu`r Andern*, Köln, Dumont, S.88

14- Navratil, L. (1965) *Schizophrenie und Kunst.* München, Deutscher Taschenbuchverlag

15-Die sogenannten Merkmale des schizophrenen Gestaltens (wahnhafte Verfremdungen, Verzerrung bzw. Auflösung natürlicher Formen, anatomische Deformierung, Geometrisierung, Symmetrie, Wiederholung und Reihung), kommen allerdings auch in den Werken von modernen Künstlern vor, die nichts von einer Geisteskrankheit an sich haben.

16- Der Schweizer Psychiater und Künstler Roman Buxbaum gesteht ein: " Die Hoffnungen der Psychopathologen, über die Kunst von Kranken an den Kern der menschlichen Kreativität zu gelangen, haben sich zerschlagen" und fügt hinzu: "Es hat sich aber gezeigt, dass Kunst und Kreativität eine Funktion der Gesundheit sind, auch beim psychisch kranken Menschen". Buxbaum, R.. *(1990) Kunst von Außenseitern, In: Von einer Wellt zu`r Andern, Köln. Dumont. S.48*

17-Dubuffet, J. (1949) *L'Art Brut Préféré aux arts culturels,* Katalog der Ausstellung Galerie R. Drouin, Paris. In: G. Presler. L`Art Brut. Köln, Dumont. S.165

18- Ibid. S.167

19- Die „Collection de l' art brut" umfasst inzwischen mehr als 20000 Werke und ist die umfangreichste Sammlung in ihrer Art. Wer sich dafür interessiert und forschen will, wird hier, wie kaum anderswo eine wahre Fundgrube finden.

20- Zit. nach Mecherlein, Klaus*: (2001) Versuch über das Korsett der Begriffe,* In: Weltsichten. Berlin, Tiamat , S.100

21- Zu den weiteren prominentesten Vertretern der Outsiderkunst zählen Gaston Chaissac (1910-1964) Ferdinand (Facteur) Cheval (1836 - 1924), Aloise Corbaz (1886-1964), Madge Gill (1882-1961), Johann Hauser (1926-1996), Karl Junker (1850-1912), Augustin Lesage (1876-1954), Heinrich Anton Müller (1865-1930), Martin Ramirez (1885-1960), Friedrich Schröder - Sonnenstern (1892-1982), Louis Soutter (1871-1942), Theo (1918-1998), Bill Traylor (1854-1949), Willem van Genk (1927-2005), August Walla (1936-2004), Scottie Wilson (1888-

1972), Josef Wittlich (1908-1982) Adolf Wölfli (1874-1930) und Carlo Zinelli (1916-1974) .

22- Zu den bekanntesten gehören La Tinaia in Florenz, die Schlumper in Hamburg, Museum Kunsthaus Kannen bei Münster, Kunstatelier (Lebenshilfe) in Braunschweig, Atelier Goldstein in Frankfurt, Blaumeier in Bremen, Atelier Herenplaats in Rotterdam, Kraichgauer Kunstwerkstatt in Sinsheim, Kunstwerkstatt in Stetten, Creahm in Brüssel und Lüttich, Creative Growth Art Center in Oakland/USA.

23- Cardinal, R. (1972) *Outsider Art*, London, Studio Vista

24- Schmidt G. (1966) *Was hat die Kunst der Geisteskranken mit Kunst zu tun?*

In: Umgang mit Kunst, Hrsg. Verein der Freunde des Kunstmuseums. Basel, Olten. Walter Verlag. S. 58

25- Gercke, H.(20019) *Das Gemeinsame und das Trennende. Von der Kunst der Verrückten und der Verrücktheit der Kunst,* In: Weltsichten, Beiträge zur Kunst behinderter Menschen, Hrsg: Angela Müller und J. Schubert, Berlin, Tiamat, S.61

26- Bäumer, A. **(**2004) *Art Brut in Gugging und Irgendwo.* In: Sovären. Das Haus der Künstler in Gugging, Hrsg: Johann Feilacher. Heidelberg, Edition Braus im Wachter Verlag

27- Gercken, G. (2002) *Die Schlumper.* Springer, Wien New York, S.27, S. 48

28- In Frankreich L' Aracine (z. Zt. im Musee de l`art moderne Lille Metropole (LAM) beheimatet) und ABCD / Neuilly sur Marne, in Großbritannien Musgrave – Kinley (heute in der Withworth Art Gallery in Manchester untergebracht) gehören zu den bedeutenden Sammlungen. In Deutschland sind Sammlung Prinzhorn in Heidelberg, Sammlung Charlotte Zander in Bönnigheim als große Sammlungen zu nennen.

Zu erwähnen weiterhin sind in Deutschland Museum Haus Cajeth in Heidelberg, Museum für Outsiderkunst (Schleswig), in Belgien Art en Marge (Brüssel), Musèe de l' art differencie (Lüttich), Musèe du Dr. Guislain (Gent). Eine weitere große Sammlung befindet sich in Moskau: Russian Outsider Art Museum. Eine stattliche Sammlung von über 3000 Werken legte sich auch der Maler Arnulf Rainer zu, der auch mit den Künstlern aus Gugging zusammen arbeitete. Zu den großen Privatsammlungen Zählen ferner die Petullo Collection und Lynch Collection in den USA.

29- Einige Ausdrucksformen wie Happening, Performance, Rauminstallation, Videokunst, Fotografie und Film, Graffiti- und Straßenkunst haben ihre Legitimation als Kunst, letztlich diesem erweiterten Kunstbegriff zu verdanken, was vor noch nicht allzu lange Zeit undenkbar gewesen wäre.

WEITERFÜHRENDE LITERATUR

Bader, A: Geisteskranker oder Künstler? Der Fall Friedrich Schröder-Sonnenstern, Bern, Huber. 1972

Bader, A .(ed.): Insania Pingens, Basel, Ciba. 1961

*Bild und Seele ,*Über Art Brut und Outsiderkunst, Kunstforum, Bd.101, Köln. 1989

Cardinal, R.: Outsider Art, London, Studio Vista. 1972

Dichter, C.: Outsider Art: Collection Charlotte Zander, Bönnigheim, Wachter. 1999

Dubuffet, J: Prospectus et tous ècrits suivants, 4 Bde, Paris. 1967

Emmerling, L. : Die Kunsttheorie Jean Dubuffets. Heidelberg. Wunderhorn.1999

Ferrier, J-L. : Primitive des 20. Jahrhunderts, Paris, Terrail, Deutsche Ausgabe. 1998

Fine, G. A.: Everyday Genius. Self-Taught Art and the Culture of Authenticity. Chicago. University Press. 2009

Gercken, G., Eissing- Christophersen*: Die* Schlumper, Wien, New York, Springer. 2001

Insita 04: Slowakische National Galerie, Bratislava. 2004

*Kornfeld, P .*Cellblock Visions:Prison Art in America, Princeton, New.Jersey, PUP.1996

Kraft, H.: Grenzgänger zwischen Kunst und Psychiatrie, Köln, Dumont. 1998

Longhauser, E. and Szeeman H.: Self-Taught artists of the 20th Century. An American Anthology, New York (Museum of American Folk art). 1998

Mac Gregor; J.: The Discovery of the Art of the Insane, Princeton, New Jersey PUP. 1989

Maclagan, D.: Outsider Art: From the Margins of the Marketplace, London, Reaktion Books.2009

Maizels, J. Raw Creation, Outsider art and Beyond, London. Phaidon. 1996

Maresca, F. und Roger R.: American Self -taught: Paintings and Drawings by Outsider Artists. New York, Knopf. 1993

Morgenthaler, W.: Ein Geisteskranker als Künstler, Adolf Wölfli, Leipzig. Bircher, 1921

Navratil , L.: Art Brut und Psychiatrie, Gugging 1946-1986, Wien, Chr. Brandstädter. 1998

Navratil, L: Schizophrenie und Kunst, München, Deutscher Taschenbuchverlag. 1965

Plokker, J.H.: Zerrbilder, Stuttgart, Hippokrates. 1969

Presler, G.: L´Art Brut Kunst zwischen Genialität und Wahnsinn, Köln, Dumont. 1981

Prinzhorn, H.: Die Bildnerei der Geisteskranken: Ein Beitrag zur Psychologie und Psychopathologie der Gestaltung, Berlin, Springer. Zweite Auflage 1968

Réja, M. : L` Art chez les Fous, Paris, Societè du Mercure de France. 1907

Rexer, L.: How to Look at Outsider Art, New York, Harry N. Abrams. 2005

Rhodes, C: Outsider Art: Spontaneous Alternatives. London: Thames and Hudson. 2000

Sovären: Das Haus der Künstler in Gugging, (Ed.: J. Feilacher), Heidelberg, Edition Braus, Wachter. 2004

Szeemann, H.: Documenta 5, Kassel, Bertelsmann.1983

Ten Berge, J. (Ed.): Marginalia, Perspectives on Outsider Art, Zwolle, Museum De Stadshof. *2000*

Theunissen, G.(Hrsg.) Außenseiterkunst: Außergewöhnliche Bildnereien von Menschen mit intellektuellen und psychischen Behinderungen. Bad Heilbrunn, Julius Klinkhardt. 2007

Thévoz, M.: Art Brut, Kunst jenseits der Kunst, Aarau, AT Verlag, 1990

Thévoz, M.: The Art Brut Collection, Lausanne, BNP Paribas. 2001

Thomashoff, H-O und D. Naber : Psyche und Kunst, Stuttgart, New York, Schattauer. 1999

Tuchman, M. and C. S. Eliel.: Parallel Visions: Modern Artists and Outsider Art, Princeton,Los Angeles, PUP. 1992

Volmat, R. : L`art psychopathologique, Paris, PUF. 1956